# TOUS EN CUISINE !

## 120 RECETTES À PARTAGER

## *Tartes & quiches*

SOLAR
EDITIONS

# SOMMAIRE

# PÂTE SABLÉE

**PRÉPARATION : 10 MIN • RÉFRIGÉRATION : 1 H**

225 g de farine + 150 g de beurre mou + 100 g de sucre glace
1 œuf + 1 pincée de sel

❒ Mélangez la farine, le sucre glace et le sel dans la cuve d'un robot.

❒ Cassez l'œuf dans la cuve et commencez à fouetter. Ajoutez le beurre mou coupé en morceaux.

❒ Mélangez jusqu'à l'obtention d'une boule de pâte homogène. Réservez au réfrigérateur pendant 1 heure.

# PÂTE BRISÉE

**PRÉPARATION : 10 MIN**

200 g de farine + 100 g de beurre pommade + 5 g de sel
2 cuil. à soupe de sucre pour une pâte sucrée

❒ Mélangez la farine et le sel dans un saladier (+ éventuellement le sucre).

❒ Ajoutez le beurre, malaxez à la main pendant 2 minutes.

❒ Incorporez 5 cl d'eau tiède jusqu'à l'obtention d'une boule de pâte. Étalez-la au rouleau, foncez le moule à tarte, puis réalisez la recette choisie.

# PÂTE AUX GRAINES VÉGANE

**PRÉPARATION : 10 MIN • RÉFRIGÉRATION : 2 H**

200 g de farine complète + 10 cl d'huile d'olive + 5 cl de vin blanc + 2 cuil. à soupe de graines de tournesol + 2 cuil. à soupe de graines de lin + 10 g de sel

❒ Mélangez dans le bol d'un robot la farine, le vin blanc, l'huile d'olive, les graines de lin et de tournesol, puis le sel.

❒ Mixez jusqu'à l'obtention d'une boule de pâte homogène.

❒ Étalez la pâte entre 2 feuilles de papier cuisson à l'aide d'un rouleau à pâtisserie. Réservez au réfrigérateur jusqu'à l'utilisation.

# PÂTE FEUILLETÉE MAISON

**PRÉPARATION : 1 H • RÉFRIGÉRATION : 45 MIN**

150 g de beurre doux + 200 g de farine T55 + un peu pour le plan de travail
1 pincée de sel fin

❒ Sur un plan de travail, formez une fontaine avec la farine tamisée, et versez au centre 10 cl d'eau en une seule fois et le sel. Travaillez jusqu'à ce que la farine ait absorbé l'eau.

❒ Fragmentez la pâte à l'aide d'une corne à pâtisserie ou d'un coupe-pâte, ou en l'étirant morceau par morceau avec la paume de la main. Faites ramollir le beurre afin de lui donner la même consistance que la pâte. Aplatissez-le au rouleau, et farinez très légèrement sa surface.

❒ Étalez la pâte au rouleau en forme de croix ou de trèfle, en gardant un peu plus d'épaisseur au niveau de la partie centrale. Posez le beurre au centre et enfermez-le dans la pâte en rabattant les côtés par-dessus. Veillez à ne pas emprisonner d'air au centre.

❒ Étalez le carré obtenu au rouleau en le tapotant plutôt qu'en l'aplatissant (pour éviter de faire sortir le beurre) jusqu'à l'obtention d'un long rectangle. Faites pivoter le rectangle d'un quart de tour sur le plan de travail, et repliez-le en trois. Donnez un deuxième tour à la pâte en faisant cette fois davantage rouler le rouleau sur la pâte. Repliez à nouveau cette dernière en trois et réservez 15 minutes au frais.

❒ Donnez un troisième tour, puis un quatrième à la pâte, en faisant rouler le rouleau, et réservez 15 minutes au frais. Donnez un cinquième tour puis un sixième à la pâte, et réservez 15 minutes au frais à nouveau avant de l'étaler de l'épaisseur souhaitée.

PATE FEUILLETEE

# TARTE FINE AUX TOMATES CERISES ET TOMATES VERTES

**POUR 6 PERSONNES • PRÉPARATION : 20 MIN • CUISSON : 30 MIN**

400 g de pâte feuilletée (du commerce ou voir recette page 6) + 30 g de beurre
5 tomates vertes (green zebra) + 200 g de tomates cerises + 2 cuil. à soupe de sucre roux
2 cuil. à soupe d'huile d'olive + Sel, poivre

❒ Lavez les deux variétés de tomates et essuyez-les. Coupez le beurre en copeaux. Pour la garniture, versez l'huile d'olive dans un moule à tarte et inclinez-le pour qu'elle se répartisse uniformément.

❒ Coupez les tomates vertes en deux et disposez-les dans le moule, côté bombé sur le dessus. Complétez avec les tomates cerises pour remplir totalement le moule. Salez et poivrez, saupoudrez de sucre, parsemez de copeaux de beurre et mélangez. Préchauffez le four à 210 °C (th. 7).

❒ Posez le moule sur feu vif et laissez cuire 5 minutes environ, le temps que les tomates caramélisent, puis retirez du feu. Étalez la pâte feuilletée et disposez-la sur le moule, de façon à recouvrir les tomates et, plus largement, les bords. Mettez au four et faites cuire 25 minutes. Retournez le moule sur un grand plat et servez chaud ou tiède.

***Servez cette tarte avec une petite sauce composée de 2 cuillerées à soupe d'huile d'olive et 1 cuillerée à soupe de vinaigre balsamique.***

# TARTE PIPERADE AU CHORIZO

**POUR 6 PERSONNES • PRÉPARATION : 45 MIN • CUISSON : 45 À 55 MIN**

300 g de pâte brisée (du commerce ou voir recette page 4) + 80 g de chorizo
500 g de piments verts doux (ou de poivrons verts) + 500 g de tomates + 2 gousses d'ail
10 cl de crème liquide + 4 œufs + 1 ou 2 pincées de piment d'Espelette (selon le goût)
2 cuil. à soupe d'huile d'olive + Sel, poivre

❐ Coupez les piments en quatre dans la longueur et retirez les graines. Ébouillantez rapidement les tomates, pelez-les et taillez-les en dés. Retirez la peau du chorizo et coupez-le en fines rondelles. Pelez les gousses d'ail.

❐ Faites fondre les piments 10 à 15 minutes à feu très doux dans une sauteuse avec l'huile d'olive et l'ail. Ajoutez les tomates, salez, poivrez et faites cuire à feu plus vif, jusqu'à ce que l'eau soit évaporée. Arrêtez le feu et retirez l'ail. Ajoutez les rondelles de chorizo et remuez.

❐ Préchauffez le four à 180 °C (th. 6). Étalez la pâte au rouleau en un disque un peu plus grand que le moule, de 2 à 3 mm d'épaisseur. Posez-la dans le moule. Appuyez bien du bout des doigts dans les angles pour la faire adhérer, puis découpez les bords. Piquez le fond avec une fourchette. Faites cuire 10 minutes à blanc.

❐ Cassez les œufs et battez-les en omelette avec la crème, un peu de sel et le piment d'Espelette. Étalez les piments dans le fond de tarte, versez les œufs battus et enfournez. Faites cuire 20 à 25 minutes, jusqu'à ce que les œufs soient juste pris. Servez à la sortie du four.

***Remplacez les rondelles de chorizo par une tranche fine de jambon cru, coupée en petits carrés.***

# TARTELETTES À LA CRÈME D'AVOCAT

**POUR 4 PERSONNES • PRÉPARATION : 30 MIN • CUISSON : 20 MIN**

1 pâte brisée (du commerce ou voir recette page 4) + 2 avocats mûrs
5 cuil. à soupe de fromage frais type Saint-Moret® ou ricotta + ½ cuil. à café de moutarde
Petits pois, radis ou piment doux, pour le décor + Sel, poivre

❒ Préchauffez le four à 180 °C (th. 6). Foncez 4 moules à tartelettes et piquez la pâte. Recouvrez-les de papier cuisson et de pois secs. Faites-les cuire pendant 20 minutes.

❒ Pendant ce temps, mixez la chair des avocats avec le fromage frais et la moutarde. Lorsque la crème est lisse, goûtez et rectifiez l'assaisonnement.

❒ Enlevez les pois secs et remplissez les fonds de tartelettes avec la crème d'avocat, lissez à la spatule. Décorez selon votre goût avec des petits pois, des radis ou des piments doux émincés et servez avec une salade verte.

***On peut ajouter à ces tartelettes des miettes de thon arrosées de jus de citron.***

# TARTE FINE AUX POIRES ET À LA FOURME D'AMBERT

**POUR 6 PERSONNES • PRÉPARATION : 10 MIN • CUISSON : 30 MIN**

1 pâte brisée ou pâte feuilletée (du commerce ou voir recettes page 4 ou 6) + 2 poires fondantes (passe-crassane) + 300 g de fourme d'Ambert + 25 cl de crème 2 petits œufs + Poivre

❒ Préchauffez le four à 200 °C (th. 6-7). Déroulez la pâte et garnissez un moule. Coupez nettement le bord à ras du moule et piquez le fond avec une fourchette. Laissez reposer au réfrigérateur.

❒ Retirez finement la croûte de la fourme et coupez-la en petites lamelles. Battez les œufs avec la crème et un peu de poivre. Épluchez les poires, coupez-les en quatre en retirant le cœur et les pépins, puis chaque quartier en deux ou trois. Disposez-les en étoile sur le fond de tarte.

❒ Répartissez le fromage autour des fruits, versez la crème et glissez aussitôt la tarte dans le four. Faites cuire 30 minutes.

# TARTE AUX TOMATES ET POMME DE TERRE

**POUR 2 PERSONNES • PRÉPARATION : 15 MIN • CUISSON : 35 MIN**

100 g de purée de tomates + 6 tomates cerises de forme allongée + 1 pomme de terre moyenne + 2 grosses gousses d'ail + 1 cuil. à soupe de moutarde à l'ancienne 1 cuil. à café de moutarde forte + 1 cuil. à café d'herbes de Provence + ½ cuil. à café d'origan + 6 feuilles de basilic + 1 filet d'huile de sésame grillé

**Pour la pâte :** 120 g de farine de blé T80 + 60 g de farine de sarrasin + 20 g de petits flocons d'avoine + 1 cuil. à café de curry + 1 pincée de sel + 5 cl d'huile d'olive + 5 cl d'eau

❒ Préchauffez le four à 200 °C (th. 6-7). Lavez la pomme de terre et faites-la cuire à l'eau bouillante 20 minutes.

❒ Combinez dans un saladier les farines avec les flocons, le curry et le sel. Incorporez l'huile d'olive et l'eau, puis mélangez jusqu'à l'obtention d'une boule de pâte. Déposez-la entre deux feuilles de papier cuisson et abaissez la pâte au rouleau. Formez un disque de 26 cm de diamètre.

❒ Mélangez dans un bol la purée de tomates avec les moutardes et les herbes de Provence. Répartissez la préparation sur toute la surface de la pâte.

❒ Pelez l'ail et tranchez l'ail en fines lamelles. Répartissez les lamelles sur la tarte.

❒ Passez la pomme de terre cuite sous l'eau froide et pelez-la. Découpez-la en tranches fines. Répartissez les lamelles sur la tarte. Coupez les tomates cerises en deux dans leur longueur et répartissez-les sur la tarte, tout comme les feuilles de basilic. Saupoudrez d'origan et arrosez d'huile de sésame. Enfournez pour 15 minutes.

# TARTE SANS GLUTEN BETTERAVES ET CHÈVRE

**POUR 6 À 8 PERSONNES • PRÉPARATION : 35 MIN • RÉFRIGÉRATION : 30 MIN**
**CUISSON : 55 MIN**

**Pour la pâte :** 100 g de flocons d'avoine + 50 g de poudre d'amandes + 50 g de farine de riz
2 cuil. à soupe de graines de lin (facultatif) + 1 pincée de sel + 5 cuil. à soupe de beurre

**Pour la garniture :** 2 betteraves (450 g environ) + 3 œufs + 14 cl de lait (végétal ou non)
100 g de fromage de chèvre + 1 oignon rouge + 3 gousses d'ail hachées + 1 cuil. à café de thym + 1 cuil. à soupe de vinaigre de cidre + 10 feuilles de menthe + 10 noix
2 cuil. à soupe de miel + Quelques jeunes pousses d'épinard + Huile d'olive + Sel, poivre

❒ Préchauffez le four à 180 °C (th. 6). Mixez tous les ingrédients de la pâte sauf le beurre jusqu'à l'obtention d'une farine. Ajoutez le beurre en dés, puis 4 cuillerées à soupe d'eau glacée, mixez, puis retirez la pâte et formez une boule avec les mains. Si elle est trop friable, ajoutez 1 à 2 cuillerées à soupe d'eau. Enveloppez-la dans du film alimentaire et mettez-la au réfrigérateur pour 30 minutes.

❒ Abaissez la pâte à l'aide d'un rouleau entre deux papier cuisson. Transférez-la dans un moule à tarte huilé. Coupez l'excès de pâte, puis piquez le fond. Faites cuire à blanc 10 minutes environ.

❒ Épluchez les betteraves et râpez-les. Coupez l'oignon en rondelles. Faites-les cuire 4 minutes de chaque côté dans une poêle avec 1 filet d'huile. Ajoutez l'ail haché, le thym effeuillé, le vinaigre de cidre, assaisonnez.

❒ Battez les œufs avec le lait, ajoutez le fromage de chèvre émietté, les légumes sautés et les feuilles de menthe.

❒ Disposez les betteraves râpées au fond de la tarte, versez le mélange d'œufs au centre. Parsemez de noix et arrosez de miel. Enfournez pour 35 minutes. Parsemez de pousses d'épinards et dégustez.

# TARTE VEGGIE AUX GRAINES DE COURGE

**POUR 6 PERSONNES • PRÉPARATION : 40 MIN • CUISSON : 1 H**

**Pour la pâte :** 120 g de flocons d'avoine + 30 g de farine de riz + 65 g de farine de sarrasin 1 cuil. à soupe de fécule de maïs + 60 g de graines de courge + ½ cuil. à café de bicarbonate de soude + 25 g de parmesan rapé + 1 cuil. à café de sel de mer + 4 cuil. à soupe d'huile d'olive + un peu pour le moule + 13 cl de lait d'amande + 5 cuil. à soupe

**Pour la garniture :** 1 poireau + ½ brocoli + 100 g d'épinards + 60 g de petits pois congelés 120 g de haricots blancs (en conserve) + 1 oignon jaune haché + 4 cuil. à café de vinaigre de vin blanc + 6 cl de lait d'amande + 25 g de parmesan râpé + 1 cuil. à soupe de graines de lin + 1 pincée de curcuma + Huile d'olive + Sel, poivre

❒ Préchauffez le four à 180 °C (th. 6). Huilez un moule à tarte. Mixez les graines de courge et les flocons d'avoine jusqu'à l'obtention d'une poudre. Ajoutez les deux farines, la fécule, le bicarbonate, le parmesan, le sel et l'huile. Arrosez de 13 cl de lait d'amande et mélangez bien. Pressez la pâte dans le moule et piquez-la, puis faites-la cuire 15 minutes.

❒ Faites cuire l'oignon avec 1 filet d'huile 10 minutes environ, ajoutez 1 pincée de sel et le vinaigre. Transférez dans un blender avec 1 généreux filet d'huile d'olive, le lait d'amande, les haricots, le parmesan, les graines lin et le curcuma, poivrez. Mixez.

❒ Déposez le poireau en rondelles avec 1 filet d'huile dans une poêle et faites-les sauter 4 minutes, puis ajoutez le brocoli en morceaux avec 1 cuillerée à soupe d'eau, couvrez pendant 2 minutes, puis versez les épinards et les petits pois.

❒ Découpez une moitié du mélange de légumes, mélangez-la avec la garniture aux haricots blancs et remplissez la tarte du mélange. Faites cuire 30 minutes. Garnissez avec le reste des légumes et servez.

# TARTE SOLEIL AU POULET ET À LA BISQUE

**POUR 6 PERSONNES • PRÉPARATION : 20 MIN • CUISSON : 30 MIN**

2 pâtes feuilletées (du commerce ou voir recette page 6) + 6 tranches de jambon de poulet fumé + 100 g de bisque de homard + 80 g de comté râpé
1 bouquet de thym frais + 1 cuil. à soupe de sésame + 1 jaune d'œuf + Sel, poivre

❒ Préchauffez le four à 200 °C (th. 6-7). Déroulez 1 pâte feuilletée sur une plaque à pâtisserie recouverte de papier cuisson. Coupez le jambon en lamelles. Nappez la pâte de la bisque de homard, puis parsemez de lamelles de jambon et recouvrez de comté râpé. Salez et poivrez.

❒ Placez le disque de pâte restant par-dessus et soudez bien les bords pour que la garniture ne coule pas à la cuisson.

❒ Posez un petit verre au centre de la tarte et découpez à l'aide d'un couteau pointu la pâte en rayons en partant du centre. Torsadez ensuite chaque rayon sur lui-même.

❒ Badigeonnez la pâte avec le jaune d'œuf à l'aide d'un pinceau, puis parsemez de sésame. Enfournez pour 30 minutes. Parsemez de thym frais et dégustez la tarte chaude ou tiède.

***Transformez ce soleil en délice sucré en mettant entre les 2 pâtes du chocolat fondu et des amandes effilées à la place des ingrédients salés.***

# TARTE COURONNE AUX COURGETTES JAUNES, BROCCIU ET AMANDES

**POUR 4 PERSONNES • PRÉPARATION : 40 MIN • CUISSON : 25 À 30 MIN**

1 boule de pâte aux graines (voir recette page 5) + 2 courgettes jaunes + 1 cuil. à soupe d'oignon rouge + 50 g d'amandes décortiquées + 50 g de brocciu + 1 brin de romarin
Huile d'olive + Sel, poivre

❒ Préchauffez le four à 180 °C (th. 6). Nettoyez les courgettes, puis coupez-les en fines rondelles. Émincez l'oignon.

❒ Étalez la pâte aux graines en un grand disque ; mettez-le sur une plaque garnie de papier cuisson. Tracez 4 traits au centre de la pâte à l'aide d'un couteau pointu, sans remonter jusqu'aux bords, afin de former 8 triangles.

❒ Déposez le brocciu et les courgettes en rosace sur le cercle de pâte, tout autour des traits tracés sans les recouvrir. Salez et poivrez. Ajoutez les amandes, l'oignon rouge et le romarin. Arrosez d'huile d'olive.

❒ Rabattez les triangles de pâte sur la rosace de légumes, de façon à former une couronne.

❒ Enfournez pour 25 à 30 minutes. Servez chaud.

# TARTE AU BOUDIN ET AUX REINETTES

**POUR 6 PERSONNES • PRÉPARATION : 20 MIN • CUISSON : 45 MIN**

400 g de boudin noir + 1 pâte feuilletée (du commerce ou voir recette page 6)
2 pommes (reinette) + 50 cl de crème liquide + 3 œufs + 15 g de beurre + Sel, poivre

❒ Étalez la pâte feuilletée dans un moule à tarte, piquez-la à la fourchette et laissez-la reposer.

❒ Préchauffez le four à 210 °C (th. 7). Épluchez les pommes et coupez-les en quartiers. Dans une poêle, laissez fondre le beurre et faites revenir doucement les pommes.

❒ Pendant ce temps, enlevez la peau du boudin avant de le couper en rondelles. Fouettez les œufs avec la crème en omelette, salez et poivrez.

❒ Lorsque les pommes sont bien dorées, disposez-les sur la pâte en alternant avec les rondelles de boudin. Versez ensuite l'omelette sur la préparation. Enfournez et laissez cuire la tarte 45 minutes, en surveillant.

# CARRÉS FEUILLETÉS AUX CABÉCOUS, AU MIEL ET AU THYM

**POUR 4 PERSONNES • PRÉPARATION : 10 MIN • CUISSON : 10 MIN • REPOS : 5 MIN**

4 carrés de pâte feuilletée (du commerce ou voir recette page 6) + 6 petits cabécous assez frais + 4 cuil. à soupe de miel liquide + 2 cuil. à café de thym + Poivre

❒ Préchauffez le four à 200 °C (th. 6-7). Posez les carrés de pâte côte à côte sur une plaque, avec leur papier cuisson, en les espaçant pour qu'ils ne se collent pas l'un contre l'autre en cuisant. Piquez le centre avec une fourchette.

❒ Coupez les cabécous en deux dans l'épaisseur et posez 3 moitiés l'une contre l'autre, en triangle, au centre de chaque carré de pâte. Donnez un ou deux tours de moulin à poivre et enfournez. Faites cuire 8 à 10 minutes.

❒ Laissez reposer 5 minutes à la sortie du four, puis faites couler 1 cuillerée de miel en filet fin sur les fromages. Parsemez ensuite un peu de thym.

❒ Servez chaud, sur un lit de salade.

# TARTE AU MAROILLES

**POUR 4 PERSONNES • PRÉPARATION : 40 MIN • CUISSON : 30 MIN**

300 g de maroilles + 150 g de fromage frais bien égoutté + 2 gros œufs
Sel, poivre du moulin

**Pour la pâte :** 175 g de beurre + 250 g de farine + Sel

❒ Préparez une pâte brisée avec la farine, 125 g de beurre en parcelles, 2 pincées de sel et juste assez d'eau froide pour amalgamer la pâte. Abaissez-la et garnissez une tourtière de 26 cm de diamètre. Piquez le fond et réservez au frais.

❒ Écroûtez le maroilles et coupez-le en petits dés. Mélangez-les avec le fromage frais et les œufs entiers battus en omelette. Salez et poivrez.

❒ Versez ce mélange sur le fond de tarte et lissez le dessus. Faites cuire la tarte dans le four préchauffé à 210 °C (th. 7) 20 minutes environ. Sortez la tarte du four et ajoutez le reste de beurre coupé en petits dés sur le dessus. Remettez la tarte dans le four et poursuivez la cuisson une dizaine de minutes. Servez très chaud.

# TARTE RUSTIQUE AU CRESSON ET AUX ŒUFS

**POUR 6 PERSONNES • PRÉPARATION : 30 MIN • CUISSON : 30 À 35 MIN**

300 g de pâte brisée (du commerce ou voir recette page 4) + 2 bottes de cresson
75 g de gruyère râpé + 30 g de beurre + 20 cl de crème fraîche épaisse + 6 petits œufs
Sel, poivre

❒ Lavez et essorez le cresson. Supprimez les grosses tiges, puis hachez les feuilles au couteau. Faites fondre le beurre dans une sauteuse, ajoutez le cresson, salez, poivrez et laissez cuire 5 minutes, en remuant. Laissez refroidir dans une passoire.

❒ Préchauffez le four à 180 °C (th. 6). Étalez la pâte au rouleau en un disque un peu plus grand que le moule. Déposez-la dans le moule. Appuyez bien pour la faire adhérer, puis découpez les bords. Piquez le fond avec une fourchette.

❒ Mélangez le cresson, le gruyère et la crème, puis étalez ce mélange dans le fond de tarte. Humectez le tour de la pâte et rabattez-la vers l'intérieur en faisant des plis à intervalles réguliers. Enfournez et faites cuire 20 à 25 minutes.

❒ Sortez la tarte du four. Marquez 6 petits creux avec le dos d'une cuillère et cassez-y les œufs. Remettez à cuire 5 minutes environ. Servez à la sortie du four.

***Si le mélange de cresson et de crème est suffisamment épais, posez le disque de pâte directement sur une plaque. Découpez-le très régulièrement et garnissez en laissant une bande libre sur le bord pour pouvoir la rabattre.***

# TARTE AUX ASPERGES

**POUR 6 PERSONNES • PRÉPARATION : 25 MIN • CUISSON : 55 MIN**

250 g de pâte brisée (du commerce ou voir recette page 4) + 1 kg d'asperges blanches
4 œufs + 20 cl de lait + 25 cl de crème fraîche + Noix de muscade + Un peu de farine
Sel, poivre

❒ Sur le plan de travail légèrement fariné, abaissez la pâte et garnissez-en une tourtière de 30 cm environ. Piquez le fond. Versez-y une couche de haricots secs et faites cuire à blanc dans le four à 200 °C (th. 6-7) pendant 10 minutes, puis retirez les haricots et réservez la croûte.

❒ Pelez les asperges, coupez la base du pied et faites-les cuire pendant 10 minutes à l'eau bouillante salée. Rafraîchissez-les et égouttez-les bien sur un torchon. Coupez les pointes et réservez-les.

❒ Passez les tiges d'asperges au moulin à légumes et mélangez-les avec la crème, le lait et les œufs battus en omelette. Salez, poivrez et muscadez.

❒ Versez cette purée sur le fond de tarte, puis disposez les pointes d'asperges par-dessus. Remettez la tarte dans le four et laissez cuire 40 minutes environ. Servez chaud.

***On aime aussi déguster les asperges tièdes nature, avec un beurre citronné ou une vinaigrette aux fines herbes enrichie d'œufs durs finement hachés.***

# TARTE FEUILLETÉE AUX CÈPES

**POUR 6 PERSONNES • PRÉPARATION : 20 MIN • CUISSON : 1 H ENVIRON**

300 g de pâte feuilletée (du commerce ou voir recette page 6) + 1 jaune d'œuf
150 g de crème fraîche épaisse + 25 g de beurre doux + 1 bouquet de persil plat
1 kg de cèpes au naturel en conserve + 2 cuil. à soupe d'huile d'olive + Sel, poivre

❒ Égouttez les cèpes, rincez-les délicatement à l'eau froide, puis épongez-les. Coupez les têtes en morceaux réguliers et émincez les pieds. Lavez et essuyez le persil plat et hachez-le.

❒ Dans une grande poêle, faites chauffer l'huile d'olive et le beurre. Ajoutez les cèpes et faites-les rissoler sur feu assez vif entre 6 et 7 minutes, en remuant sans arrêt. Salez et poivrez pendant la cuisson.

❒ Égouttez les cèpes et jetez la matière grasse. Remettez-les dans la poêle et ajoutez la crème fraîche et le persil plat. Faites encore cuire sur feu modéré pendant 10 minutes environ, jusqu'à ce que la crème commence à épaissir. Versez cette garniture dans un plat à tarte en Pyrex® ou en porcelaine à feu.

❒ Étalez la pâte en formant un disque d'un diamètre supérieur à celui du moule. Posez ce couvercle sur les cèpes en soudant les bords. Formez des stries sur le dessus à l'aide d'un couteau et badigeonnez de jaune d'œuf. Faites cuire la tarte dans le four préchauffé à 210 °C (th. 7) pendant 40 minutes environ et servez dès la sortie du four.

# QUICHE AUX DEUX SAUMONS

**POUR 6 PERSONNES • PRÉPARATION : 20 MIN • CUISSON : 45 MIN**

1 pâte brisée (du commerce ou voir recette page 4) + 150 g de saumon frais ou surgelé
150 g de saumon fumé + 3 oignons nouveaux avec leurs tiges + 3 œufs + 20 cl de crème fraîche épaisse + 1 cuil. à café de graines de fenouil + 1 feuille de laurier + 1 pincée de gros sel
Beurre doux pour le moule + Sel, poivre

❒ Préchauffez le four à 200 °C (th. 6-7). Beurrez un moule à tarte. Foncez la pâte dans le moule et piquez-la avec une fourchette.

❒ Faites bouillir une casserole d'eau avec le gros sel et la feuille de laurier. Plongez-y le saumon pendant 3 minutes, puis égouttez-le soigneusement.

❒ Taillez le saumon fumé en lamelles. Lavez et pelez les oignons nouveaux, puis émincez-les finement avec leurs tiges.

❒ Battez dans un saladier les œufs avec la crème et ajoutez les graines de fenouil. Salez et poivrez, puis ajoutez les oignons nouveaux émincés.

❒ Disposez les deux saumons sur la pâte, versez la préparation œufs-crème-oignons, puis enfournez pour 40 minutes. Dégustez tiède ou froid.

# QUICHE PRINTANIÈRE

**POUR 6 PERSONNES • PRÉPARATION : 30 MIN • CUISSON : 40 MIN**

1 pâte brisée (du commerce ou voir recette page 4) + 6 asperges vertes + 1 tête de brocoli
2 oignons nouveaux avec les tiges + 50 g de petits pois surgelés + 150 g de comté râpé
15 cl de crème fraîche épaisse + 3 œufs + 1 botte de ciboulette + Beurre doux pour le moule
Sel, poivre

❒ Préchauffez le four à 200 °C (th. 6-7). Lavez et coupez les légumes. Lavez et ciselez la ciboulette.

❒ Beurrez un moule à tarte. Foncez la pâte dans le moule et piquez-la avec une fourchette. Recouvrez-la d'un papier cuisson, puis ajoutez des billes de cuisson. Faites-la précuire pendant 10 minutes, puis ôtez le papier et les billes.

❒ Mettez à blanchir dans une casserole d'eau bouillante salée les légumes, sauf les oignons, pendant 5 minutes. Coupez finement les oignons et les tiges en tranches.

❒ Battez dans un saladier les œufs, la crème, le fromage râpé et la ciboulette. Salez et poivrez. Versez la préparation sur la pâte, puis disposez les légumes.

❒ Enfournez pour 30 minutes. Dégustez la quiche tiède ou froide.

# QUICHE LORRAINE

**POUR 8 PERSONNES • PRÉPARATION : 30 MIN • CUISSON : 30 À 40 MIN**

**REPOS : 30 MIN**

300 g de pâte brisée (du commerce ou voir recette page 4) + 250 g de lardons fumés
1 noix de beurre + un peu pour le moule + Farine pour le moule + 4 œufs + 2 jaunes
50 cl de crème liquide + 1 pincée de noix de muscade + Sel, poivre

❒ Beurrez et farinez un moule à tarte de 22 cm de diamètre. Étalez la pâte au rouleau en disque un peu plus grand que le moule, de 3 mm d'épaisseur environ. Déposez-la, recoupez les bords et laissez reposer 30 minutes au réfrigérateur.

❒ Préchauffez le four à 210 °C (th. 7). Piquez le fond de tarte avec une fourchette, recouvrez-le de papier cuisson, puis de légumes secs et enfournez pour 15 minutes de cuisson à blanc. Sortez du four, retirez les légumes et le papier, puis laissez refroidir.

❒ Pendant ce temps, plongez les lardons 2 ou 3 minutes dans une casserole d'eau bouillante. Égouttez-les, puis faites-les rissoler 1 minute à la poêle, avec la noix de beurre. Répartissez les lardons refroidis dans le fond de tarte. Réglez la température du four à 210 °C (th. 7).

❒ Fouettez les œufs entiers avec les jaunes et la crème. Salez, poivrez et ajoutez la noix de muscade. Versez cette crème dans le fond de tarte et enfournez pour 20 minutes.

❒ Baissez la température à 180 °C (th. 6) et poursuivez la cuisson 15 à 20 minutes, jusqu'à ce que la garniture soit prise. Couvrez avec une feuille de papier aluminium dès que la surface est suffisamment colorée. Démoulez et servez.

***Dans sa région d'origine, cette tarte salée n'était autrefois composée que d'une crème aux œufs versée sur une fine pâte à pain, parsemée de petits dés de beurre et de ciboulette. On y a ensuite incorporé des lardons.***

GRILLADES

# QUICHE AU THON ET AU BASILIC CITRON

**POUR 6 PERSONNES • PRÉPARATION : 20 MIN • CUISSON : 40 MIN**

1 pâte feuilletée (du commerce ou voir recette page 6) + 1 bouquet de basilic citron
1 boîte de 200 g de thon + 15 cl de crème fraîche épaisse + 3 œufs + 1 citron jaune
Beurre pour le moule + Sel, poivre

❒ Préchauffez le four à 200 °C (th. 6-7). Lavez le basilic citron et ciselez-le très finement. Réservez quelques feuilles pour la décoration.

❒ Beurrez un moule à tarte. Foncez la pâte dans le moule et piquez-la avec une fourchette. Recouvrez-la d'un papier cuisson, puis ajoutez des billes de cuisson. Faites-la précuire pendant 10 minutes, puis ôtez le papier et les billes.

❒ Égouttez le thon. Prélevez les zestes du citron.

❒ Battez dans un saladier les œufs, la crème, puis ajoutez le thon émietté, le basilic citron et les trois quarts des zestes du citron. Salez, poivrez et versez la préparation sur la tarte. Enfournez pour 30 minutes. Dégustez la quiche tiède ou froide, parsemée de feuilles de basilic et de zestes de citron.

# QUICHE MARRONS ET PICODON

**POUR 6 À 8 PERSONNES • PRÉPARATION : 30 MIN • CUISSON : 35 À 40 MIN**

1 pâte brisée (du commerce ou voir recette page 4) + 150 g de lardons fumés + 2 œufs entiers + 2 jaunes + 25 cl de lait + 25 cl de crème liquide entière + 20 g de beurre + un peu pour le moule + 2 picodons + 100 g de marrons nature (sous vide ou en bocal) + Sel, poivre

❒ Préchauffez le four à 180 °C (th. 6). Dans une poêle, faites fondre le beurre et déposez les marrons. Faites-les revenir sur toutes les faces jusqu'à ce qu'ils soient dorés et légèrement croustillants. Éteignez le feu et réservez.

❒ Préparez la garniture : dans un saladier, mélangez les œufs entiers et les jaunes d'œufs avec la crème et le lait. Salez et poivrez. Réservez.

❒ Beurrez un moule à tarte. Avec un rouleau à pâtisserie, étalez la pâte aux dimensions de votre moule. Placez-la dans le moule, puis piquez-en la surface avec une fourchette.

❒ Déposez les lardons et les marrons sur la pâte, puis versez la garniture. Placez sur le dessus de la tarte les picodons coupés en deux dans le sens de la largeur. Enfournez pour 30 à 35 minutes. Dégustez à la sortie du four.

***Vous pouvez remplacer les picodons par des saint-marcellin.***

# QUICHETIFLETTE

**POUR 4 PERSONNES • PRÉPARATION : 3 MIN • CUISSON : 22 MIN**

1 pâte brisée (du commerce ou voir recette page 4) + 180 g de pommes de terre cuites sous vide + 90 g de poitrine fumée taillée en allumettes + 120 g de reblochon coupé en tout petits morceaux + 60 g de crème fraîche + 2 œufs + Poivre

❒ Préchauffez le four à 240 °C (th. 8). Foncez un moule à tarte avec la pâte, piquez-la à la fourchette et précuisez-la 8 minutes.

❒ Hachez grossièrement les pommes de terre et faites-les sauter avec la poitrine fumée dans une poêle antiadhésive pendant 3 minutes.

❒ Fouettez les œufs dans un saladier, puis ajoutez les pommes de terre au lard, le reblochon et la crème, poivrez et mélangez.

❒ Versez le tout sur la pâte et enfournez pour 15 minutes. Passez éventuellement sous un gril brûlant en fin de cuisson.

# TATIN D'ENDIVES AU CHÈVRE

**POUR 6 PERSONNES • PRÉPARATION : 55 MIN • CUISSON : 1 H ENVIRON**

400 g de pâte brisée (du commerce ou voir recette page 4) + 250 g de chèvre demi-frais
80 g de beurre doux + 1,5 kg de jeunes endives + Le jus de 1 citron jaune + 3 cuil. à soupe de miel d'acacia + Sel, poivre

❒ Lavez les endives, essuyez-les, et ôtez le cône amer à leur base. Dans une sauteuse, faites fondre 25 g de beurre. Déposez les endives, arrosez-les de jus de citron, salez, poivrez, puis mouillez-les avec de l'eau jusqu'à ce qu'elles soient tout justes recouvertes. Couvrez et laissez mijoter à feu doux 40 minutes. Égouttez-les dans une passoire.

❒ Faites fondre le beurre restant dans un moule à tarte à bords hauts. Ajoutez le miel et laissez caraméliser en remuant le moule dans tous les sens. Laissez refroidir.

❒ Préchauffez le four à 180 °C (th. 6). Disposez les deux tiers des endives dans le moule caramélisé, en les faisant remonter le long des bords.

❒ Émiettez le chèvre par-dessus, recouvrez avec les endives restantes et rabattez les pointes de la première couche pour enfermer le fromage.

❒ Étalez la pâte et découpez un cercle légèrement plus grand que le moule. Posez-le sur le moule en prenant soin de rentrer les bords à l'intérieur. Enfournez pour 25 minutes environ et servez à la sortie du four.

# TATIN AUX LÉGUMES DE PROVENCE

**POUR 6 PERSONNES • PRÉPARATION : 20 MIN • CUISSON : 35 À 40 MIN**

1 pâte feuilletée (du commerce ou voir recette page 6) + 1 oignon + 2 petites courgettes
1 aubergine moyenne + 80 g d'olives noires dénoyautées + 8 à 10 feuilles de basilic
4 cuil. à soupe d'huile d'olive + Sel, poivre

❒ Épluchez l'aubergine et coupez-la en petits cubes. Retirez les extrémités des courgettes, coupez-les en deux dans la longueur, puis en lamelles. Pelez et émincez l'oignon.

❒ Dans une sauteuse, faites revenir les légumes ensemble 10 minutes à feu moyen, avec l'huile d'olive, en remuant souvent. Salez et poivrez.

❒ Préchauffez le four à 200 °C (th. 6-7). Répartissez les olives dans le moule, puis étalez les légumes. Déroulez la pâte et piquez-la avec une fourchette. Posez-la sur les légumes et glissez le bord à l'intérieur des parois du moule. Enfournez et faites cuire 25 à 30 minutes.

❒ Laissez reposer 5 minutes à la sortie du four et démoulez en retournant la tarte sur un plat. Ciselez le basilic en surface avant de servir.

# TATIN AUX LÉGUMES MULTICOLORES

**POUR 6 PERSONNES • PRÉPARATION : 20 MIN • CUISSON : 1 H**

1 pâte feuilletée (du commerce ou voir recette page 6) + 6 tomates jaunes, vertes et rouges + 20 g de beurre doux + 3 cuil. à soupe de vinaigre balsamique + 2 cuil. à soupe de sucre roux en poudre + 2 cuil. à soupe d'huile d'olive + 3 branches de basilic
Sel, poivre du moulin

❒ Préchauffez le four à 200 °C (th. 6-7).

❒ Lavez et coupez les tomates en deux dans l'épaisseur. Faites chauffer le beurre et l'huile dans une poêle, puis déposez les tomates côté coupé vers le haut. Salez, poivrez et laissez cuire à feu vif pendant 5 minutes. Incorporez le vinaigre et le sucre, puis baissez le feu et laissez mijoter pendant 15 minutes en remuant.

❒ Déposez les tomates et le jus de la poêle dans un moule à manqué. Piquez la pâte à l'aide d'une fourchette, puis recouvrez-en les tomates en rabattant la pâte à l'intérieur du moule.

❒ Baissez le four à 180 °C (th. 6), enfournez la tarte et laissez cuire pendant 40 minutes. Démoulez, décorez avec les feuilles de basilic et dégustez-la chaude ou tiède.

# TOURTE AUX POIREAUX

**POUR 4 PERSONNES • PRÉPARATION : 20 MIN • CUISSON : 40 MIN**

1 pâte feuilletée (du commerce ou voir recette page 6) + 6 poireaux + 20 cl de crème de soja + 1 jaune d'œuf + 1 cuil. à soupe d'huile + un peu pour le moule + 1 cuil. à soupe de persil haché + 1 cuil. à café de thym + ¼ de cuil. à café de noix de muscade râpée 1 cuil. à café de sel + ¼ de cuil. à café de poivre

- Préchauffez le four à 200 °C (th. 6-7).
- Retirez la partie verte des poireaux et les racines. Nettoyez bien les poireaux et émincez-les finement.
- Chauffez l'huile dans une sauteuse sur feu moyen et faites-y revenir les poireaux avec le sel, le poivre, la noix de muscade et le thym pendant 10 minutes. Ils doivent être bien tendres. Ajoutez le persil haché et la crème.
- Versez la préparation dans un moule à tarte légèrement huilé. Déposez la pâte feuilletée sur le dessus et coupez un petit trou au centre. Dorez la pâte de jaune d'œuf avec un pinceau. Enfournez et laissez cuire 30 minutes.

# TOURTE AU POULET

**POUR 4 PERSONNES • PRÉPARATION : 15 MIN • CUISSON : 35 MIN**

2 pâtes feuilletées (du commerce ou voir recette page 6) + 4 blancs de poulet coupés en cubes + 150 g de champignons de Paris coupés en lamelles + Le blanc de 1 poireau coupé en tronçons + 1 oignon émincé + 2 tiges de thym effeuillées + 1 cuil. à soupe de farine 10 cl de vin blanc + 2 cuil. à soupe de crème fraîche + 20 g de beurre + 1 jaune d'œuf Sel, poivre

❐ Préchauffez le four à 180 °C (th. 6). Faites chauffer le beurre dans une grande poêle à feu assez vif et faites-y revenir le poulet, l'oignon, les champignons, le poireau et le thym 3 minutes, en remuant régulièrement.

❐ Ajoutez la farine et mélangez. Versez le vin blanc et remuez 1 minute. Ajoutez la crème, salez et poivrez et mélangez encore. Laissez tiédir.

❐ Étalez une pâte feuilletée dans un moule à tourte en laissant dépasser le bord de la pâte de 1 cm. Versez dessus le contenu de la poêle. Recouvrez de la seconde pâte feuilletée et repliez les bords des deux pâtes vers l'intérieur de manière à les sceller.

❐ Faites un trou au centre de la tourte. Badigeonnez-la de jaune d'œuf mélangé à 1 cuillerée à soupe d'eau. Enfournez pour 30 minutes.

# ERBAZZONE AUX BLETTES

**POUR 6 PERSONNES • PRÉPARATION : 40 MIN • CUISSON : 45 MIN**

1 pâte brisée maison (voir recette page 4) + Farine pour le plan de travail
**Pour la garniture :** 1 kg de feuilles de blette et/ou d'épinard + 100 g de jambon cru ou de ventrèche salée (facultatif) + 75 g de parmesan râpé + 2 oignons + 2 gousses d'ail ½ botte de persil + 2 cuil. à soupe d'huile d'olive + un peu pour la cuisson + Sel marin, poivre

❒ Coupez le jambon cru en dés. Rincez, séchez, effeuillez et hachez le persil. Pelez et hachez ensemble les oignons et les gousses d'ail.

❒ Lavez les feuilles de blette et d'épinard, puis émincez-les. Faites-les cuire quelques minutes à la vapeur. Égouttez les feuilles et essorez-les entre vos mains.

❒ Dans une poêle, faites revenir dans 1 filet d'huile d'olive les dés de jambon pendant 1 minute. Ajoutez l'oignon et l'ail hachés et laissez cuire quelques minutes. Ajoutez les feuilles essorées, salez, poivrez et poursuivez la cuisson 5 minutes. Laissez refroidir avant d'incorporer le persil haché et le parmesan.

❒ Préchauffez le four à 180 °C (th. 6). Sur le plan de travail fariné, étalez très finement la moitié de la pâte et déposez-la dans un plat rectangulaire de 20 x 30 cm environ. Répartissez la garniture. Étalez le reste de pâte et couvrez la garniture en pinçant les bords. Piquez la pâte avec les dents d'une fourchette et enfournez pour 30 minutes. Sortez le plat du four et badigeonnez la tourte d'un peu d'huile d'olive. Replacez au four jusqu'à ce que la tourte soit bien dorée. Servez chaud, tiède ou froid.

# TOURTE AUX POMMES DE TERRE

**POUR 6 PERSONNES • PRÉPARATION : 40 MIN • CUISSON : 1 H**

1 kg de pommes de terre + 50 g de fromage râpé (au choix : emmental, comté, gruyère...)
15 g d'herbes fraîches (persil, ciboulette, basilic, coriandre...) + 2 échalotes
20 cl de crème liquide + 1 jaune d'œuf + Beurre pour le moule + Sel marin, poivre

**Pour la pâte :** 350 g de farine de blé T80 + un peu pour le moule + 6 cuil. à soupe d'huile d'olive + 10 cl de vin blanc + Sel

❒ Rincez, effeuillez et ciselez les herbes. Pelez et ciselez les échalotes. Dans un saladier, mélangez la crème avec le fromage, les herbes et les échalotes ciselées, 1 cuillerée à café de sel et 8 tours de moulin à poivre.

❒ Épluchez les pommes de terre. Tranchez-les en rondelles de 2 mm d'épaisseur. Déposez-les au fur et à mesure dans la crème.

❒ Préchauffez le four à 180 °C (th. 6). Dans un saladier, mélangez la farine avec 2 pincées de sel. Incorporez l'huile et mélangez. Versez le vin et pétrissez jusqu'à obtenir une pâte souple et non collante (au besoin ajoutez un peu d'eau). Partagez la pâte en deux tiers et un tiers. Farinez le plan de travail et étalez les pâtons au rouleau à pâtisserie.

❒ Beurrez un moule. Garnissez-le avec le disque de pâte le plus grand et piquez ce fond avec une fourchette. Répartissez les lamelles de pomme de terre. Recouvrez du second disque de pâte et repliez la pâte du dessous sur la pâte du dessus. Dans un bol, mélangez le jaune d'œuf avec 1 cuillerée à café d'eau et badigeonnez-en la tourte avec un pinceau. Enfournez pour 1 bonne heure. Démoulez en retournant la tourte sur une assiette puis en la faisant glisser sur le plat de service.

# TOURTE FEUILLAGE D'AUTOMNE

**POUR 4 PERSONNES • PRÉPARATION : 30 MIN • CUISSON : 45 MIN**

1 pâte feuilletée (du commerce ou voir recette page 6) + 2 cuisses de confit de canard
4 petits navets + 1 carotte + 1 oignon + ½ bouquet de persil + 1 cuil. à soupe de miel
1 cuil. à café de graines de cumin + Sel, poivre + 1 jaune d'œuf

❒ Épluchez les navets, la carotte et l'oignon. Coupez les navets en quartiers, la carotte en dés et émincez finement l'oignon. Grattez les cuisses de confit de canard, réservez la graisse. Retirez la peau et les os. Émiettez la chair.

❒ Dans une sauteuse, faites fondre l'oignon émincé pendant 5 minutes dans 1 cuillerée de graisse de canard. Incorporez les morceaux de navets et de carotte. Salez et poivrez, ajoutez le cumin, puis le miel. Couvrez et laissez mijoter 15 minutes. Incorporez la chair de canard émiettée, remuez 5 minutes à feu doux.

❒ Préchauffez le four à 180 °C (th. 6). Enduisez la tourtière du reste de graisse de canard. Répartissez la préparation aux légumes, parsemez de persil ciselé.

❒ Découpez des formes de feuilles de houx et de sapins dans la pâte déroulée à l'aide d'un emporte-pièce (ou d'un couteau pointu). Posez les feuilles sur le plat. Dorez au jaune d'œuf à l'aide d'un pinceau. Enfournez pour 20 minutes. Servez aussitôt.

***Servez la tourte avec une salade d'endives.***

# TOURTE AU CRABE

**POUR 6 PERSONNES • PRÉPARATION : 30 MIN • CUISSON : 40 MIN**

400 g de pâte feuilletée (du commerce ou voir recette page 6) + 400 g de chair de crabe (fraîche ou surgelée) + 10 cl de lait de coco + 1 œuf + 1 jaune d'œuf + 4 cives (ou 4 oignons nouveaux) + 1 petit piment + 2 gousses d'ail + Farine pour le plan de travail + Sel, poivre

❒ Émincez très finement le piment. Pelez et écrasez les gousses d'ail. Épluchez et hachez finement les cives.

❒ Émiettez la chair de crabe. Ajoutez l'œuf entier, le lait de coco, l'ail, les cives et le piment, salez, poivrez, puis mélangez.

❒ Préchauffez le four à 180 °C (th. 6) et recouvrez une plaque de papier cuisson. Étalez la pâte au rouleau sur le plan de travail fariné. Découpez-y un disque de 24 cm de diamètre et un second plus grand. Posez le plus petit sur la plaque, étalez la farce en laissant une bande libre et humidifiez le bord. Recouvrez du second disque et soudez bien les bords.

❒ Dessinez un décor avec la pointe d'un couteau, dorez avec le jaune d'œuf délayé avec un peu d'eau et percez une petite cheminée au centre. Enfournez et faites cuire environ 40 minutes, jusqu'à ce que la tourte soit bien dorée. Servez chaud.

# TOURTE À LA VIANDE

**POUR 6 PERSONNES • PRÉPARATION : 10 MIN • CUISSON : 40 MIN**

12 feuilles de brick + 1 grosse cuil. à soupe de beurre + un peu pour le moule et les feuilles

**Pour la farce :** 450 g de viande hachée + 2 oignons rouges + 1 cuil. à soupe d'huile
1 pincée de poivre + 1 pincée de cannelle + 6 œufs + Fromage râpé au choix : emmental, gruyère... (facultatif) + 1 citron

❒ Épluchez et coupez les oignons en rondelles et faites-les revenir dans une poêle avec l'huile. Ajoutez le poivre et la cannelle, puis la viande et faites cuire 20 minutes.

❒ Faites cuire les œufs en omelette coulante dans une autre poêle. Mélangez-la au hachis de viande.

❒ Enduisez de beurre un moule rond et les feuilles de brick. Chemisez le moule avec 6 feuilles en les laissant dépasser. Garnissez l'intérieur avec le mélange viande et œufs. Alternez les couches de viande et de fromage. Rabattez les bords des feuilles qui dépassent. Couvrez bien avec les 6 feuilles qui restent.

❒ Préchauffez le four à 180 °C (th. 6). Arrosez la tourte de 1 cuillerée à soupe de beurre fondu. Enfournez et laissez cuire 20 à 30 minutes. Garnissez de rondelles de citron et servez.

# TOURTE DE VEAU AUX MORILLES

**POUR 6 À 8 PERSONNES • PRÉPARATION : 45 MIN • CUISSON : 1 H 15**

500 g de pâte feuilletée (du commerce ou voir recette page 6) + 600 g de veau maigre
150 g de lard gras + 400 g de morilles fraîches + 20 cl de crème fraîche épaisse
1 œuf + 30 g de beurre + 20 g pour la tourtière + 2 échalotes
1 jaune d'œuf battu avec un peu d'eau + Sel, poivre

❒ Passez le lard et 100 g de veau au hachoir à grille fine. Coupez le reste du veau au couteau, en lanières ou en dés. Épluchez et hachez finement les échalotes. Nettoyez soigneusement les morilles, l'une après l'autre, sans les faire tremper.

❒ Faites revenir les morilles avec le beurre, dans une poêle, à feu moyen, jusqu'à ce que toute leur eau de végétation soit évaporée. En fin de cuisson, ajoutez les échalotes et 10 cl de crème fraîche, salez et poivrez. Laissez refroidir complètement.

❒ Réunissez le hachis de viande, les morceaux de veau, l'œuf entier et le reste de crème dans un saladier. Salez, poivrez, puis mélangez bien.

❒ Préchauffez le four à 180 °C (th. 6) et beurrez largement une tourtière. Partagez la pâte en deux morceaux, l'un un peu plus grand que l'autre, puis étalez-la. Garnissez la tourtière avec la plus grande abaisse de pâte, en la laissant dépasser des bords du moule. Étalez les viandes dans le fond, puis disposez les morilles dessus.

❒ Humidifiez les bords de la pâte, puis couvrez avec la seconde abaisse. Soudez bien les bords. Percez une petite cheminée et créez un décor avec des chutes de pâte ou avec la pointe d'un couteau. Dorez la surface au jaune d'œuf. Enfournez et faites cuire 1 heure environ, en couvrant en cours de cuisson si nécessaire.

# PASTILLA DE LÉGUMES

**POUR 4 PERSONNES • PRÉPARATION : 30 MIN • CUISSON : 1 H**

6 feuilles de brick + 3 courgettes + 3 carottes + 3 gros champignons de Paris
2 gros oignons jaunes + 4 cuil. à soupe d'huile d'olive + 2 cuil. à soupe de raisins secs
1 cuil. à café de sucre glace + 1 cuil. à café de ras el-hanout + 1 cuil. à café de cannelle
½ cuil. à café de gingembre moulu + ½ cuil. à café de coriandre moulue + 1 cuil. à café de sel
½ cuil. à café de poivre

❒ Émincez très finement les champignons. Pelez et émincez finement les oignons. Pelez les carottes et râpez-les avec les courgettes. Réservez.

❒ Chauffez 1 cuillerée à soupe d'huile d'olive dans une poêle sur feu doux et faites-y compoter les oignons avec les raisins secs pendant 30 minutes.

❒ Préchauffez le four à 200 °C (th. 6-7). Faites chauffer 1 cuillerée à soupe d'huile d'olive dans une poêle sur feu moyen. Faites-y revenir les champignons, les courgettes et les carottes râpées avec le ras el-hanout, ½ cuillerée à café de cannelle, le gingembre, la coriandre, le sel et le poivre, pendant 10 minutes.

❒ Huilez un moule à tarte ou un moule à manqué, puis déposez 1 feuille de brick, sur un tiers de sa surface. Déposez 3 autres feuilles de brick de la même manière, de façon à ce qu'elles recouvrent le fond et les bords du moule. Huilez les feuilles à l'aide d'un pinceau. Déposez la compotée d'oignon aux raisins dans le fond. Puis étalez les légumes. Couvrez de 1 feuille de brick, coincez les bords à l'intérieur et rabattez les bords des premières feuilles afin de refermer la pastilla. Couvrez de la dernière feuille de brick en rabattant les bords sous la pastilla et enduisez d'huile d'olive.

❒ Enfournez et laissez cuire 20 minutes, jusqu'à ce que les feuilles de brick soient croustillantes. Saupoudrez de sucre glace et de cannelle.

# PASTILLA DE LOTTE AU CUMIN ET AU SAFRAN

**POUR 4 PERSONNES • PRÉPARATION : 45 MIN • MARINADE : 15 MIN**

**CUISSON : 25 MIN ENVIRON**

700 g de queues de lotte, sans cartilage + 6 échalotes + 1 quartier de citron confit
2 cuil. à soupe de coriandre ciselée + 20 cl de vin blanc sec + 1 dose de safran
1 cuil. à soupe de cumin en poudre + 6 feuilles de brick + 2 cuil. à soupe d'huile d'olive
40 g de beurre fondu + Sel

❐ Retirez la pulpe du citron confit. Rincez l'écorce, séchez-la puis émincez-la finement. Coupez la lotte en cubes de 4 cm. Rincez-les, puis épongez-les dans du papier absorbant. Mélangez le cumin, le safran, un peu de sel et l'huile d'olive dans un plat creux. Roulez dedans les cubes de lotte. Laissez reposer 15 minutes au frais. Épluchez et émincez les échalotes.

❐ Saisissez sur toutes le faces les cubes de lotte 2 à 3 minutes, dans une poêle antiadhésive. Posez-les sur du papier absorbant et réservez. Faites fondre les échalotes 5 minutes dans une casserole avec une noix de beurre. Ajoutez le vin blanc et le citron, amenez à ébullition, puis faites évaporer presque tout le liquide. Laissez refroidir et mélangez la moitié de la coriandre.

❐ Préchauffez le four à 200 °C (th. 6-7). Beurrez un moule à manqué de 20 cm. Découpez 2 feuilles de brick au diamètre du moule. En les badigeonnant de beurre au fur et à mesure, superposez 2 feuilles entières dans le moule, puis doublez le fond avec les 2 disques découpés. Étalez les échalotes puis les cubes de lotte. Parsemez le reste de la coriandre. Posez les 2 dernières feuilles de brick sur la garniture et faites rentrer les bords à l'intérieur du moule. Beurrez à nouveau la surface. Enfournez et faites cuire 15 à 20 minutes. Servez chaud.

# PASTILLA AUX DEUX POMMES ET AU BOUDIN NOIR

**POUR 3 OU 4 PERSONNES • PRÉPARATION : 25 MIN • CUISSON : 45 MIN**

500 g de pommes de terre cuites à la vapeur + 500 g de compote de pommes + 400 g de boudin noir + 1 c. à café d'huile d'arachide + 4 feuilles de brick + 1 c. à soupe de beurre fondu + 5 feuilles de persil ou de sauge

❐ Préchauffez le four à 180 °C (th. 6). Épluchez et coupez les pommes de terre en quatre. Faites-les cuire à la vapeur pendant 18 à 20 minutes. Coupez ou écrasez les pommes de terre en petits morceaux. Si nécessaire, égouttez la compote de pommes dans un tamis.

❐ Faites cuire le boudin dans une poêle préalablement chauffée avec l'huile d'arachide, sur feu moyen, en le retournant régulièrement. Quand il est cuit, retirez la peau et ne gardez que la chair.

❐ Beurrez un plat à tarte et recouvrez-le de 2 feuilles de brick. Mettez-y, dans l'ordre suivant, les pommes de terre au fond, puis la compote et enfin le boudin. Recouvrez de 1 feuille de brick et beurrez celle-ci. Posez les feuilles de persil à plat. Recouvrez de la dernière feuille de brick et fermez en repliant de toutes parts.

❐ Beurrez le dessus au pinceau et mettez au four pour 25 minutes. Démoulez la pastilla en la retournant sur une assiette.

# PETITS CLAFOUTIS AUX ASPERGES VERTES ET AU JAMBON DE PARME

**POUR 4 PERSONNES • PRÉPARATION : 20 MIN • CUISSON : 25 À 30 MIN**

4 petites tranches de jambon de Parme + 12 asperges vertes + 2 œufs entiers + 2 jaunes
40 g de parmesan râpé + quelques copeaux + 30 cl de crème liquide entière
1 cuil. à soupe de Maïzena® + Huile d'olive pour les ramequins + Sel, poivre

❒ Coupez la base des asperges. Rincez-les, égouttez-les et faites-les cuire 5 minutes à l'eau bouillante salée, pour qu'elles soient al dente. Égouttez-les sur du papier absorbant.

❒ Préchauffez le four à 180 °C (th. 6). Enduisez 4 ramequins ou poêlons individuels d'huile d'olive. Enroulez les asperges par trois dans les tranches de jambon et posez-les dans les plats.

❒ Battez les œufs et les jaunes dans un bol. Incorporez successivement la Maïzena® et la crème. Salez, poivrez, ajoutez le parmesan râpé et mélangez bien.

❒ Versez la préparation dans les plats et enfournez. Faites cuire 20 à 25 minutes, jusqu'à ce que la pâte soit ferme et la surface dorée. Laissez reposer 5 minutes à la sortie du four et parsemez de copeaux de parmesan avant de servir.

# FLANS AUX HERBES

**POUR 2 PERSONNES • PRÉPARATION : 15 MIN • CUISSON : 15 À 20 MIN**

1 botte d'herbes assez fines (cerfeuil, coriandre ou aneth) + 1 gousse d'ail épluchée et dégermée (facultatif) + 3 œufs + 20 cl de lait + 2 cuil. à café de crème fleurette 1 cuil. à café de curcuma + Sel, poivre

❒ Préchauffez le four à 180 °C (th. 6). Lavez les herbes et séparez les feuilles des branches. Mettez tous les ingrédients (feuilles, œufs, lait, crème, curcuma, sel et poivre) dans le bol d'un robot. Mixez et versez ce mélange dans des moules ou des ramequins.

❒ Mettez au four pour 15 à 20 minutes. Ils doivent trembloter et ne pas être secs.

***Ces flans peuvent aussi se faire cuire à la vapeur. Couvrez-les pour éviter que l'eau de ruissellement ne les mouille. Comptez 12 minutes environ.***

# FLAN D'AUBERGINES

**POUR 4 PERSONNES • PRÉPARATION : 25 MIN • CUISSON : 35 MIN**

4 jeunes aubergines sans graines + 3 œufs + 1 verre de lait de riz + 1 cuil. à soupe de Maïzena® + 40 g de parmesan + 2 biscottes sans gluten + 1 pincée de thym
Sel, poivre

❐ Pelez les aubergines, lavez-les et coupez-les en dés. Saupoudrez-les d'un peu de thym, de sel, d'un peu de poivre et faites-les cuire 15 minutes à la vapeur. Égouttez-les et disposez-les dans un plat allant au four.

❐ Préchauffez le four à 180 °C (th. 6). Réduisez les biscottes en chapelure fine. Battez les œufs, le lait de riz et la Maïzena® dans un saladier. Salez et versez sur les aubergines. Saupoudrez de parmesan et de chapelure. Faites cuire au four pendant 20 minutes. Dégustez tiède.

# FLAN DE TOMATES ET POMMES DE TERRE AUX PIGNONS

**POUR 4 PERSONNES • PRÉPARATION : 25 MIN • CUISSON : 40 MIN**

700 g de pommes de terre à chair fondante + 4 tomates rondes + 1 petit oignon + 1 gousse d'ail + 2 brins de basilic + 1 petit morceau de romarin + 4 œufs + 10 cl de lait demi-écrémé 1 cuil. à soupe de Maïzena® + 30 g de pignons + Salade pour servir + Sel, poivre

❒ Pelez, lavez et émincez les pommes de terre en fines rondelles. Lavez les tomates et coupez-les en rondelles. Pelez et hachez l'oignon et l'ail. Rincez, effeuillez et hachez le basilic.

❒ Préchauffez le four à 180 °C (th. 6). Rangez les rondelles de pomme de terre et de tomate dans un plat à gratin, en les intercalant. Répartissez entre elles l'ail, l'oignon et le basilic hachés. Salez et poivrez. Ajoutez quelques feuilles de romarin.

❒ Battez les œufs, le lait et la Maïzena®. Versez sur les légumes. Ajoutez les pignons et enfournez pour 40 minutes. Dégustez chaud ou froid, avec une salade.

# FLAN DE COURGETTES AU PESTO DE PIGNONS

**POUR 4 PERSONNES • PRÉPARATION : 15 MIN • CUISSON : 50 MIN**

500 g de petites courgettes + 25 cl de crème liquide + 2 œufs + 2 jaunes
3 cuil. à soupe de pignons + 2 cuil. à soupe de feuilles de basilic
3 cuil. à soupe d'huile d'olive + Beurre ou huile d'olive pour le moule + Sel, poivre

❒ Faites légèrement dorer les pignons à sec dans une poêle. Mixez-en le tiers avec le basilic et 2 cuillerées à soupe d'huile d'olive pour obtenir une pâte épaisse. Réservez le reste.

❒ Lavez et essuyez les courgettes puis taillez-les en petits dés. Faites-les revenir 5 minutes à feu moyen avec le reste de l'huile d'olive, jusqu'à ce qu'elles soient juste tendres. Transvasez dans une passoire et laissez égoutter.

❒ Préchauffez le four à 150 °C (th. 5). Beurrez ou huilez un petit moule.

❒ Battez les œufs entiers avec les jaunes et le pesto de pignons, puis versez progressivement la crème en continuant de fouetter, jusqu'à l'obtention d'une consistance onctueuse. Ajoutez les courgettes et les pignons entiers, salez, poivrez et mélangez.

❒ Versez la préparation dans le moule. Placez-le dans un plat à four profond et versez de l'eau chaude à mi-hauteur des parois pour faire un bain-marie. Enfournez 45 à 55 minutes, jusqu'à ce que le flan soit pris. Couvrez avec une feuille d'aluminium dès que la surface commence à dorer. Sortez du four et laissez tiédir un peu avant de démouler.

# FLAN DE CHÈVRE FRAIS AU POIVRON

**POUR 4 PERSONNES • PRÉPARATION : 15 MIN • CUISSON : 1 H**

1 poivron rouge + 200 g de fromage de chèvre frais + 20 cl de crème liquide + 2 œufs
2 jaunes + 1 cuil. à soupe de feuilles de thym frais + Huile d'olive pour le moule + Sel, poivre

❒ Préchauffez le gril du four. Coupez le poivron en quatre ou cinq larges bandes verticales, retirez le pédoncule, les graines et les cloisons intérieures. Étalez les lamelles de poivron sur une plaque recouverte de papier cuisson, côté peau vers le haut. Glissez-les dans le four à 15 ou 20 cm de la résistance et faites-les griller 12 à 15 minutes, jusqu'à ce que la peau soit noire et boursouflée. Laissez tiédir, retirez la peau.

❒ Préchauffez le four à 160 °C (th. 5-6) et huilez légèrement un petit moule à cake.

❒ Mettez le fromage dans un grand bol. Incorporez progressivement les œufs entiers, les jaunes et la crème en fouettant, puis salez, poivrez et ajoutez le thym. Mélangez bien.

❒ Remplissez le moule en alternant la préparation et les lamelles de poivron. Placez-le dans un bain-marie, couvrez avec une feuille de papier d'aluminium et enfournez environ 45 minutes, jusqu'à ce que la surface soit ferme. Laissez refroidir et démoulez.

# FLAN DE POTIRON AUX PETITES GRAINES

**POUR 4 PERSONNES • PRÉPARATION : 20 MIN • CUISSON : 40 MIN**

1 belle tranche de potiron + 3 œufs + 100 g de farine + 20 cl de lait d'amande
1 sachet de levure alsacienne + 60 g de comté râpé + 1 pincée de noix de muscade
1 pincée de cannelle + 2 cuil. à soupe de graines mélangées (lin, sésame...) + Sel, poivre

❒ Pelez le potiron, et découpez sa chair en petits dés. Faites cuire 10 minutes à la vapeur. Égouttez.

❒ Préchauffez le four à 180 °C (th. 6). Battez les œufs, le lait d'amande, la farine, la levure, la noix de muscade, la cannelle. Salez et poivrez. Ajoutez le potiron et le comté râpé.

❒ Versez dans un moule carré. Saupoudrez de petites graines et faites cuire 30 minutes au four. Dégustez chaud ou tiède.

***Utilisez des dés de potiron surgelés pour gagner du temps sur l'épluchage !***

# CLAFOUTIS AUX PETITS POIS, CHÈVRE ET MENTHE

**POUR 4 PERSONNES • PRÉPARATION : 10 MIN • CUISSON : 45 MIN**

3 œufs + 60 g de farine complète + 30 cl de lait demi-écrémé + 100 g de petits pois frais ou surgelés + 80 g de bûche de chèvre + 1 cuil. à soupe de menthe ciselée + Sel, poivre

- Préchauffez le four à 180 °C (th. 6) à chaleur tournante. Faites cuire les petits pois 5 minutes dans l'eau bouillante puis égouttez-les.
- Fouettez les œufs avec le lait, puis incorporez petit à petit la farine. Coupez le chèvre en morceaux, ajoutez-le à cette préparation. Salez, poivrez, ajoutez la menthe et les petits pois. Mélangez bien.
- Versez cette préparation dans un moule à gâteau légèrement huilé (sauf s'il est en silicone). Enfournez pour 40 minutes.

***Pas fan de menthe ? On remplace par de la ciboulette. Idem pour le chèvre, que l'on peut remplacer par un brebis fondant pour un goût plus doux.***

# FLANS DE TOFU AUX PETITS LÉGUMES

**POUR 4 PERSONNES • PRÉPARATION : 15 MIN • CUISSON : 25 À 35 MIN**

400 g de tofu soyeux + 4 petites carottes + 2 petites courgettes + 1 oignon
2 gousses d'ail + 3 œufs + 2 jaunes + 1 ou 2 pincées de noix de muscade râpée
2 cuil. à soupe d'huile de tournesol + Beurre pour le moule + Sel, poivre

❒ Épluchez et hachez finement l'oignon et l'ail. Pelez les carottes et retirez les extrémités des courgettes. Râpez-les ou taillez-les en très petits dés.

❒ Placez tous les légumes dans une poêle avec l'huile et faites-les cuire, jusqu'à ce qu'ils soient tendres et aient rendu toute leur eau. Transvasez-les dans une passoire pour bien les égoutter.

❒ Préchauffez le four à 150 °C (th. 5). Beurrez des petits moules à cake.

❒ Battez vivement le tofu dans un grand bol. Sans cesser de fouetter, incorporez les œufs entiers un à un, puis les jaunes. Ajoutez les légumes, salez, poivrez, saupoudrez d'un peu de noix de muscade et mélangez bien.

❒ Versez la préparation dans les moules sans les remplir complètement.

Placez-les dans un plat à four profond et versez de l'eau chaude à mi-hauteur des parois pour faire un bain-marie. Enfournez 25 à 35 minutes, jusqu'à ce que les flans soient fermes.

❒ Sortez du four et laissez tiédir un peu avant de démouler.

# FLAN FETA ET BASILIC

**POUR 4 PERSONNES • PRÉPARATION : 30 MIN • CUISSON : 40 MIN**

3 tomates + ½ gousse d'ail + 2 branches de basilic frais + 2 courgettes moyennes et bien fermes (environ 350 g) + 3 échalotes pelées et finement émincées + 2 gousses d'ail pelées et hachées + 2 œufs + 10 cl de crème fraîche + 50 g de feta + Huile d'olive + Sel, poivre

❒ Plongez les tomates pendant quelques secondes dans de l'eau bouillante pour pouvoir les peler. Épépinez-les, coupez-les en morceaux et faites-les cuire sur feu très doux avec la demi-gousse d'ail jusqu'à obtenir une compotée de tomates. Lavez le basilic, hachez-le et ajoutez-le en fin de cuisson. Salez, poivrez et mélangez.

❒ Lavez les courgettes et coupez-les en dés. Versez 2 cuillerées à soupe d'huile d'olive dans une poêle portée sur feu moyen et, quand elle est chaude, ajoutez les échalotes et les courgettes. Ajoutez alors l'ail haché, mélangez et laissez cuire jusqu'à ce que les courgettes soient tendres. Transférez-les dans un bol et réduisez-les en purée.

❒ Préchauffez le four à 180 °C (th. 6). Battez les œufs avec la crème, puis incorporez la purée, salez et poivrez. Émiettez la feta dans la sauce tomate et mélangez.

❒ Huilez des ramequins assez grands. Mettez une couche de préparation aux courgettes dans le fond, puis ajoutez 1 bonne cuillerée à soupe de tomates au centre et terminez par une couche de préparation aux courgettes.

❒ Placez-les dans un plat allant au four et remplissez celui-ci d'eau chaude jusqu'au tiers de la hauteur des ramequins. Enfournez et laissez cuire ainsi, au bain-marie, pendant 20 minutes.

***Pour plus de légèreté, remplacez la crème fraîche par de la crème de soja.***

# TARTE-CLAFOUTIS AUX ASPERGES VERTES ET AU PARMESAN

**POUR 6 PERSONNES • PRÉPARATION : 30 MIN • CUISSON : 35 À 40 MIN**

300 g de pâte brisée (du commerce ou voir recette page 4) + 400 g d'asperges vertes
100 g de parmesan fraîchement râpé + 50 g de copeaux de parmesan
40 cl de crème liquide + 4 œufs + 30 g de farine + Sel, poivre

❒ Préchauffez le four à 190 °C (th. 6-7) et préparez un moule. Étalez la pâte au rouleau en un disque un peu plus grand que le moule. Déposez-la dans le moule. Appuyez bien pour la faire adhérer, puis découpez les bords. Piquez le fond avec une fourchette et réservez au réfrigérateur.

❒ Préparez les asperges : faites-les cuire 5 minutes à l'eau bouillante salée, puis égouttez-les sur du papier absorbant. Recoupez-les en tronçons de 4 cm.

❒ Cassez les œufs dans un saladier, battez-les avec la farine, puis incorporez la crème en remuant vivement. Ajoutez le parmesan râpé, salez, poivrez et mélangez bien.

❒ Répartissez les asperges dans le fond de tarte, versez la crème aux œufs et enfournez. Faites cuire 30 à 35 minutes. Sortez du four et laissez tiédir un peu avant de servir. Parsemez les copeaux de parmesan au dernier moment.

***Remplacez la pâte par 5 feuilles de brick superposées dans le moule. Enduisez-les l'une après l'autre de beurre fondu sur toute leur surface avant de les empiler.***

# PETITS CLAFOUTIS DE COURGETTES AU ZAATAR

**POUR 6 PERSONNES • PRÉPARATION : 15 MIN • CUISSON : 30 MIN**

300 à 350 g de courgettes + 150 g de feta + 130 g de farine de blé T65 + 3 œufs
25 cl de lait (ou de lait végétal) + 1 ½ cuil. à café de zaatar + 2 cuil. à soupe d'huile d'olive
1 cuil. à soupe de graines de sésame doré (facultatif) + ¾ de cuil. à café de sel marin
4 tours de moulin à poivre + Beurre pour les moules

❒ Préchauffez le four à 180 °C (th. 6). Lavez les courgettes et coupez-les en petits dés. Émiettez la feta.

❒ Dans une poêle bien chaude, faites revenir dans l'huile d'olive les dés de courgette jusqu'à ce qu'ils soient tendres.

❒ Dans un saladier, versez la farine, faites un puits et ajoutez les œufs. Travaillez la pâte avec une cuillère en bois. Incorporez progressivement le lait jusqu'à obtenir une pâte lisse. Ajoutez le zaatar, le sel et le poivre, et mélangez bien.

❒ Beurrez les moules à tartelette. Garnissez-les de dés de courgette et de feta émiettée et versez dessus l'appareil à clafoutis. Enfournez pour 25 minutes environ.

❒ Servez les clafoutis tièdes, saupoudrés de graines de sésame et accompagnés d'une salade.

***Pour donner une autre saveur à vos plats et bénéficier de toutes leurs propriétés, ajoutez des mélanges d'épices aux préparations ! Pour ce clafoutis, c'est le zaatar, un mélange aromatique du Proche-Orient composé essentiellement de thym, de sumac et de graines de sésame grillées qui est à l'honneur. La prochaine fois, remplacez-le par un mélange d'épices cajun !***

# CLAFOUTIS AUX OIGNONS CARAMÉLISÉS ET AUX LARDONS

**POUR 6 PERSONNES • PRÉPARATION : 20 MIN • CUISSON : 55 MIN À 1 H 10**

200 g de lardons demi-sel + 2 gros oignons + 1 cuil. à soupe de thym frais (facultatif)
3 œufs + 30 g de beurre + un peu pour le plat + 20 cl de crème liquide entière
30 cl de lait + 2 cuil. à soupe de Maïzena® + 2 cuil. à soupe de sucre en poudre
2 cuil. à soupe d'huile de tournesol + Sel, poivre

❒ Épluchez les oignons. Coupez-les en deux, puis en fines lamelles. Faites-les fondre 20 à 30 minutes avec l'huile, dans une sauteuse. Quand ils sont translucides, saupoudrez-les avec le sucre, augmentez le feu et faites-les dorer à feu vif, jusqu'à ce qu'ils commencent à caraméliser.

❒ Faites revenir les lardons à sec, dans une grande poêle, à feu moyen, jusqu'à ce qu'ils commencent juste à colorer. Laissez tiédir.

❒ Préchauffez le four à 190 °C (th. 6-7). Beurrez un plat à gratin de 4 à 5 cm de haut (30 x 20 cm ou 26 cm de diamètre). Répartissez les lardons dans le fond, puis étalez les oignons dessus. Faites fondre le beurre.

❒ Battez les œufs avec la Maïzena®, puis ajoutez successivement le lait, la crème et le beurre fondu. Salez, poivrez et ajoutez le thym. Versez dans le plat, enfournez et faites cuire 35 à 40 minutes, jusqu'à ce que le clafoutis soit bien doré. Servez aussitôt.

***Pour que la Maïzena® s'incorpore parfaitement aux œufs, délayez-la d'abord dans une demi-tasse d'eau froide.***

# PETITS CLAFOUTIS JAMBON FROMAGE

**POUR 6 PERSONNES • PRÉPARATION : 10 MIN • CUISSON : 25 MIN**

2 œufs + 2 tranches de jambon blanc + 70 g de fromage râpé + 10 cl de crème fraîche
2 cuil. à soupe de fécule de maïs + 20 cl de lait demi-écrémé + Huile pour les ramequins
Sel, poivre

❒ Préchauffez le four à 210 °C (th. 7). Huilez 6 petits ramequins avec une serviette en papier ou un pinceau.

❒ Cassez les œufs dans un saladier avec la crème fraîche et la fécule de maïs. Battez avec un fouet. Ajoutez le lait lentement. Mélangez bien. Assaisonnez de sel et de poivre. Goûtez.

❒ Ciselez le jambon en petits morceaux et ajoutez-les au reste. Versez dans les ramequins et parsemez de fromage râpé. Enfournez pour 25 minutes.

***Si vous ajoutez 1 cuillerée à café de bicarbonate, les clafoutis gonfleront plus au four et seront plus légers.***

***Vous pouvez préparer plus de ramequins et les congeler.***

# CLAFOUTIS DE LÉGUMES AU MILLET ET AU CURRY

**POUR 4 PERSONNES • PRÉPARATION : 20 MIN • CUISSON : 55 MIN**

3 carottes + 2 courgettes + 1 oignon + 10 brins de coriandre + 120 g de millet + 2 œufs
20 cl de lait + 3 pincées de curry + 2 cuil. à soupe d'huile d'olive + Sel, poivre

- Faites cuire le millet pendant 15 minutes à l'eau bouillante salée, puis égouttez-le. Pelez les carottes et l'oignon. Rincez les carottes, l'oignon et les courgettes et râpez-les au robot. Rincez et hachez la coriandre.
- Faites dorer les légumes râpés pendant 10 minutes dans une poêle avec l'huile d'olive, en remuant. Salez, poivrez, ajoutez le curry. Laissez tiédir.
- Préchauffez le four à 180 °C (th. 6). Battez les œufs et le lait, salez et poivrez. Ajoutez la coriandre. Étalez le millet dans un moule rectangulaire. Ajoutez les légumes, puis le mélange œuf-lait. Faites cuire pendant 30 minutes au four. Dégustez tiède ou froid.

# CLAFOUTIS AU SAUMON ET AUX BROCOLIS

**POUR 4 PERSONNES • PRÉPARATION : 25 MIN • CUISSON : 33 À 38 MIN**

350 g de filet de saumon, sans peau + 250 g de brocolis + 2 œufs + 2 jaunes
30 g de beurre + un peu pour le plat + 40 cl de crème liquide entière
2 cuil. à soupe de Maïzena® + Sel, poivre

❒ Coupez les tiges de brocolis et partagez-les en petits bouquets réguliers. Faites-les cuire 3 minutes à l'eau bouillante salée, puis étalez-les sur du papier absorbant pour finir de bien les égoutter.

❒ Rincez le saumon à l'eau fraîche, épongez-le et taillez-le en bandes de 2 cm environ.

❒ Préchauffez le four à 180 °C (th. 6). Beurrez largement un plat à gratin de 4 à 5 cm de haut (25 x 18 cm ou 24 cm de diamètre). Répartissez les bouquets de brocolis et les lanières de saumon dans le fond, en les alternant.

❒ Faites fondre le beurre. Battez les œufs entiers et les jaunes en omelette et mélangez-les à la Maïzena® puis, sans cesser de fouetter, versez successivement la crème et le beurre fondu. Salez et poivrez.

❒ Versez la pâte dans le plat, enfournez et faites cuire 30 à 35 minutes, jusqu'à ce que la surface soit juste dorée. Servez chaud.

# CLAFOUTIS AUX CHIPOLATAS

**POUR 6 PERSONNES • PRÉPARATION : 20 MIN • CUISSON : 35 À 40 MIN**

6 chipolatas + 1 cuil. à soupe de thym frais + 3 œufs + 20 cl de lait + 20 cl de crème liquide entière + 60 g de gruyère râpé + 2 cuil. à soupe de farine + 2 cuil. à soupe de moutarde à l'ancienne + ½ cuil. à soupe d'huile de tournesol + Beurre ou huile pour le plat
Sel, poivre

❒ Piquez plusieurs fois les chipolatas avec la pointe d'un couteau. Faites-les dorer 5 minutes à la poêle, à feu moyen à vif, avec l'huile, pour colorer tous les côtés. Mettez-les à refroidir sur du papier absorbant.

❒ Préchauffez le four à 190 °C (th. 6-7). Beurrez ou huilez un plat à gratin de 4 à 5 cm de haut et 22 à 24 cm de diamètre. Rangez les chipolatas dans le fond, en les espaçant bien.

❒ Cassez les œufs dans un grand bol et battez-les en omelette avec la moutarde. Incorporez successivement la farine, le lait et la crème. Ajoutez le gruyère râpé et le thym, salez légèrement, poivrez et mélangez bien.

❒ Versez la pâte dans le plat, enfournez et laissez cuire 30 à 35 minutes, jusqu'à ce que le clafoutis soit bien doré. Servez chaud.

# CLAFOUTIS DE POIREAUX AU CURRY

**POUR 4 À 6 PERSONNES • PRÉPARATION : 20 MIN • CUISSON : 50 MIN**

4 blancs de poireau + 1 cuil. à café de curry en poudre (selon le goût) + 3 œufs
30 cl de crème liquide + 50 g de farine + Beurre pour le plat + Sel, poivre

❒ Versez 75 cl d'eau dans la marmite d'un cuit-vapeur et amenez à ébullition. Fendez les poireaux en deux dans la longueur, sans aller jusqu'à la base, et lavez-les avec soin. Posez-les dans le panier perforé. Salez un peu, fermez et faites cuire 10 minutes environ. Mettez-les à refroidir sur du papier absorbant, puis émincez-les.

❒ Battez les œufs en omelette avec la farine. Délayez progressivement avec la crème, en fouettant sans cesse. Ajoutez le curry, salez, poivrez et mélangez bien.

❒ Beurrez un plat à gratin pouvant aller dans le panier du cuit-vapeur. Étalez les poireaux dedans, puis versez la crème au curry. Posez le plat dans le panier perforé, ajustez le couvercle et faites cuire 30 minutes.

❒ Retirez ensuite le couvercle et prolongez la cuisson 10 minutes. Servez chaud, dans le plat de cuisson.

# FLAMMEKUECHE

**POUR 4 PERSONNES • PRÉPARATION : 30 MIN • CUISSON : 8-10 MIN**

125 g de petits lardons fumés + 3 oignons + 20 cl de crème fraîche
100 g de fromage frais assez ferme + 250 g de farine + Noix de muscade
12 cl d'huile de colza + Sel, poivre

❐ Préparez la pâte en mélangeant la farine avec l'huile de colza (réservez 1 cuillerée à soupe) et suffisamment d'eau tiède pour avoir une pâte bien homogène, pas trop molle. Abaissez-la finement en forme de rectangle pour en garnir la plaque du four.

❐ Faites chauffer celui-ci à la chaleur maximale. Dans un bol, mélangez la crème, le fromage frais avec le reste d'huile de colza, du poivre et de la noix muscade. Salez légèrement.

❐ Pelez et émincez très finement les oignons. Étalez la garniture au fromage frais sur le fond de tarte sans aller jusqu'aux bords (laissez 1 cm tout autour). Ajoutez les oignons émincés bien répartis, puis les lardons également bien dispersés.

❐ Enfournez à température maximale et surveillez la cuisson. La tarte doit cuire en 8 à 10 minutes. Servez très chaud.

# PIZZA D'AUTOMNE TRESSÉE

**POUR 6 PERSONNES • PRÉPARATION : 25 MIN • CUISSON : 20 À 25 MIN**

1 pâte à pizza (chez votre boulanger ou voir recette de la pizza verde page 94)

**Pour la garniture :** 200 g de fromage de chèvre frais + 4 figues + 10 cerneaux de noix
4 feuilles de sauge + Sel, poivre + 1 jaune d'œuf

❒ Préchauffez le four à 210 °C (th. 7).

❒ Farinez légèrement le plan de travail et étalez la pâte en ovale. Déposez-la sur une plaque tapissée de papier cuisson. Visualisez l'ovale de pâte orienté verticalement et coupez-le en trois dans le sens de la longueur. Découpez le tiers de gauche et le tiers de droite en fines bandelettes horizontales de 2 cm de large, de manière à laisser le tiers de pâte central entier, non découpé.

❒ Répartissez le fromage de chèvre émietté, les figues coupées en petits morceaux, les noix concassées et la sauge ciselée sur le tiers de pâte non découpé. Salez et poivrez généreusement.

❒ Rabattez chaque bandelette de pâte vers l'intérieur, sur la garniture, de façon à former une tresse en croisant les bandelettes les unes sur les autres.

❒ Enduisez le dessus de la pizza de jaune d'œuf à l'aide d'un pinceau de cuisine. Enfournez pour 20 à 25 minutes, jusqu'à ce que la pizza soit bien dorée.

❒ Servez aussitôt, avec une salade de pousses d'épinard par exemple.

# PIZZA VERDE

**POUR 4 PERSONNES • PRÉPARATION : 30 MIN • REPOS : 1 H 15 À 2 H 15**
**CUISSON : 15 MIN**

225 g de farine de blé T65 ou T80 (ou de farine de grand épeautre) + 10 g de levure fraîche de boulanger + ½ cuil. à café de sucre de canne blond + 1 cuil. à café de sel
1 poignée de semoule de blé fine (ou de farine) pour le plan de travail

**Pour le pesto et la garniture :** 1 bouquet d'herbes (basilic, ciboulette…) + 1 ou 2 bulbes de fenouil + 100 g de mozzarella + 1 petit chèvre fermier + 3 gousses d'ail nouveau
3 oignons nouveaux + 50 g de parmesan râpé + 50 g d'amandes + Sel, poivre

❒ Dans un bol, délayez la levure et le sucre dans 10 cl d'eau tiède et laissez reposer 15 minutes. Dans un saladier, disposez la farine et le sel et mélangez. Faites un puits et versez la préparation eau-levure-sucre. Pétrissez 10 minutes en ajoutant un peu d'eau si nécessaire. Formez une boule, déposez-la dans un grand récipient couvert d'un torchon. Laissez lever la pâte 1 à 2 heures dans un endroit chaud (25 à 30 °C), à l'abri des courants d'air.

❒ Rincez, effeuillez et séchez les herbes pour le pesto. Épluchez et dégermez l'ail. Lavez et émincez les tiges vertes des oignons et réservez les bulbes. Au hachoir électrique, hachez les amandes et l'ail. Ajoutez les herbes et hachez à nouveau. Enfin, ajoutez le parmesan et l'huile, salez et poivrez à votre convenance puis mixez.

❒ Préchauffez le four à 240 °C (th. 8). Lavez le fenouil, raccourcissez ses tiges et émincez-le finement. Lavez et taillez en rondelles les bulbes d'oignon. Coupez la mozzarella et le fromage de chèvre en lamelles.

❒ Saupoudrez le plan de travail de semoule de blé. Étalez la pâte au rouleau à pâtisserie et déposez-la sur une plaque de cuisson. Nappez la pizza de pesto aux herbes, répartissez les lamelles de fenouil, de mozzarella et de chèvre. Enfournez pour 15 minutes environ. À la sortie du four, ajoutez les rondelles d'oignon nouveau. Découpez en parts et dégustez aussitôt.

# FOCACCIA

**POUR 4 PERSONNES • PRÉPARATION : 20 MIN • REPOS : 2 H • CUISSON : 20 MIN**

500 g de farine de blé + 100 g de tomates cerises + ½ oignon rouge
1,5 cl d'huile d'olive + 2 cuil. à soupe + 10 g de levure de boulanger fraîche ou 5 g de sèche
1 cuil. à soupe de romarin frais + 8 g de sel + ¼ de cuil. à café de fleur de sel

❒ Dans un bol, délayez la levure dans 30 cl d'eau tiède avec 1,5 cl d'huile d'olive. Dans un saladier, mélangez la farine, le sel et la levure délayée. Pétrissez pendant 10 minutes jusqu'à ce que la pâte soit lisse et élastique. Couvrez le saladier d'un torchon propre et laissez lever à température ambiante 2 heures.

❒ Préchauffez le four à 240 °C (th. 8). Étalez la pâte sur une plaque à pâtisserie huilée. Épluchez et émincez finement l'oignon, coupez les tomates cerises en deux. Badigeonnez la pâte d'huile d'olive, puis répartissez l'oignon, les tomates cerises, le romarin et la fleur de sel.

❒ Enfournez et laissez cuire 20 minutes. La pâte doit être bien gonflée et dorée. Servez tiède ou froid accompagné d'une salade.

# PIZZA DU SOLEIL

**POUR 4 PERSONNES • PRÉPARATION : 20 MIN • CUISSON : 20 MIN**

1 pâte à pizza du commerce (ou voir recette de la pizza verde page 94)
2 ou 3 cuil. à café de concentré de tomate + ½ oignon + 1 aubergine (de belle taille)
1 ou 2 courgettes (suivant la taille) + ½ poivron jaune + 1 mozzarella + Huile d'olive
Sel de Guérande

❒ Préchauffez le four à 175 °C (th. 5-6). Déroulez la pâte à pizza sur une plaque et percez-la de petits trous avec une fourchette. Versez le concentré de tomate et étalez-le à l'aide du dos d'une cuillère.

❒ Réalisez de fines tranches d'oignon et répartissez-les sur la pizza. Lavez l'aubergine et coupez-la en fines rondelles ; disposez-les sur la pâte ; elles ne doivent pas se chevaucher.

❒ Procédez de la même façon avec les courgettes, en les disposant par-dessus l'aubergine. Coupez la mozzarella en dés et répartissez-les sur la pizza. Lavez et épépinez le poivron et coupez-le en fines lamelles avant de l'étaler.

❒ Versez 1 filet d'huile d'olive sur toute la pizza ; salez et enfournez pour 20 minutes. Laissez la pizza refroidir quelques minutes avant de la servir accompagnée d'une salade verte.

# TARTE À LA MOZZARELLA ET À LA ROQUETTE

**POUR 6 PERSONNES • PRÉPARATION : 10 MIN • CUISSON : 10 MIN**

250 g de pâte à pain (chez votre boulanger) + 4 cuil. à soupe de purée de tomates fine (en conserve) + 300 g de mozzarella sèche + 40 g de roquette (2 petites poignées)
5 cuil. à soupe d'huile d'olive + 1 cuil. à soupe de vinaigre balsamique
2 cuil. à café d'origan + Sel, poivre

❒ Préchauffez le four à 210 °C (th. 7). Recouvrez une plaque de papier cuisson. Étalez la pâte au rouleau sur le plan de travail fariné en lui donnant une épaisseur de 2 ou 3 mm et posez-la sur la plaque. Étalez la purée de tomates.

❒ Taillez la mozzarella en lamelles et disposez-les sur la pâte. Arrosez de 3 cuillerées à soupe d'huile d'olive, parsemez l'origan, salez et poivrez. Faites cuire 10 minutes, en surveillant la coloration de la surface.

❒ Pendant la cuisson, assaisonnez la roquette. Mettez-la dans un petit saladier avec le reste d'huile d'olive et le vinaigre balsamique, un peu de sel et de poivre, puis remuez bien. Sortez du four, disposez la roquette sur la tarte et servez aussitôt.

***La mozzarella conservée dans un liquide convient mieux aux salades qu'à la cuisson. Elle existe aussi en blocs secs ou même râpée ; elle fond alors moins vite, ce qui laisse à la pâte le temps de cuire sans que le fromage brunisse trop.***

# TARTE PIZZA SPIRALE

**POUR 4 PERSONNES • PRÉPARATION : 40 MIN • REPOS : 30 MIN**
**CUISSON : 20 MIN**

400 g de pâte à pain (chez le boulanger) + 200 g de tomates cerises + 2 tranches de jambon blanc aux herbes (type Rostello) + 1 poignée de roquette + 2 gousses d'ail 1 branche de thym + Huile d'olive + Sel, poivre

- Mixez les tomates cerises avec les gousses d'ail pelées et dégermées. Salez et poivrez, ajoutez 1 filet d'huile d'olive. Découpez le jambon blanc en fines lanières.

- Étirez la pâte à pain et roulez-la jusqu'à l'obtention d'un long rouleau de 2 cm environ de diamètre. Sur une plaque tapissée de papier cuisson, enroulez ce boudin de pâte comme un escargot, sans coller la pâte sur elle-même (laissez 5 mm environ d'interstice entre les spirales de pâte).

- Déposez la garniture à la tomate dans les interstices, ajoutez les lanières de jambon blanc. Parsemez de thym effeuillé. Laissez lever la pâte 30 minutes à température ambiante.

- Préchauffez le four à 210 °C (th. 7). Arrosez la pizza d'huile d'olive, puis enfournez pour 20 minutes. À la fin de la cuisson, parsemez de roquette et servez aussitôt.

# PIZZA À LA TOMATE, COURGETTES ET OLIVES NOIRES

**POUR 4 PERSONNES • PRÉPARATION : 10 MIN • REPOS : 1 H 15 • CUISSON : 23 À 30 MIN**

**Pour la pâte :** 250 g de farine de blé T80 + un peu pour le plan de travail + 12,5 cl d'eau tiède + ½ sachet de levure de boulanger déshydratée + 2 cuil. à soupe d'huile d'olive 1 cuil. à café de sucre blond + 1 belle pincée de sel

**Pour la garniture :** 200 g de sauce tomate + 3 courgettes + 8 olives noires + 1 oignon jaune 1 cuil. à soupe d'huile d'olive

❐ Mélangez dans un bol la levure avec l'eau tiède et le sucre. Couvrez avec un torchon propre et laissez agir 15 minutes.

❐ Combinez dans un saladier la farine et le sel. Ajoutez la préparation eau/levure/sucre ainsi que l'huile d'olive puis mélangez, d'abord à la cuillère en bois, puis à la main, et formez une boule.

❐ Passez le torchon sous l'eau chaude, essorez et déposez sur le saladier. Laissez lever 1 heure dans un endroit chaud.

❐ Farinez le plan de travail et déposez-y la pâte. Divisez-la en deux, puis étalez chaque boule grossièrement au rouleau à pâtisserie. Déposez les 2 pâtes sur une feuille de papier cuisson et étalez-les davantage.

❐ Préchauffez le four à 240 °C (th. 8). Rincez les courgettes et détaillez-les en rondelles. Pelez l'oignon et hachez-le finement. Faites revenir les légumes dans une sauteuse avec l'huile d'olive, à couvert et à feu moyen, pendant 8 à 10 minutes.

❐ Répartissez la sauce tomate sur les pâtes et garnissez-la avec les légumes et les olives. Enfournez pour 15 à 20 minutes avant de déguster.

# PIZZA À L'ARTICHAUT ET PESTO DE ROQUETTE

**POUR 4 PERSONNES • PRÉPARATION : 30 MIN • REPOS : 1 H 10 • CUISSON : 20 MIN**

**Pour la pâte :** 260 g de farine T65 + un peu pour le plan de travail + 10 g de levure boulangère fraîche ou 1 ½ sachet de levure sèche + 2 cuil. à soupe d'huile d'olive + un peu pour la plaque + 1 cuil. à café de sel

**Pour la garniture :** 300 g de cœurs d'artichaut à l'huile + 200 g de feuilles de roquette 50 g de pignons de pin + 1 grosse boule de mozzarella di bufala + 20 cl d'huile d'olive 2 gousses d'ail épluchées + 1 cuil. à café de sel

❒ Dans un bol, diluez la levure avec 15 cl d'eau tiède et l'huile d'olive. Laissez reposer 10 minutes.

❒ Dans un grand saladier, mélangez la farine et le sel. Incorporez la levure diluée et pétrissez pendant 10 minutes. Recouvrez le saladier d'un torchon propre et laissez reposer 1 heure dans un endroit chaud, elle doit doubler de volume.

❒ Préparez le pesto en plaçant dans le bol d'un robot mixeur les feuilles de roquette, les gousses d'ail, les pignons de pin et le sel. Mixez et versez l'huile d'olive en laissant le robot tourner.

❒ Préchauffez le four à 220 °C (th. 7-8). Égouttez et coupez la mozzarella en tranches. Appuyez sur la pâte avec les poings afin de la dégazer. Étalez-la sur un plan de travail fariné. Étalez le pesto de roquette et répartissez les artichauts et les morceaux de mozzarella dessus.

❒ Enfournez sur une plaque de cuisson huilée et laissez cuire 20 minutes environ. La pâte doit être dorée et la mozzarella fondue. Servez immédiatement.

# PIZZA À LA FARINE DE POIS CHICHES

**POUR 1 PERSONNE • PRÉPARATION : 15 MIN • REPOS : 20 MIN • CUISSON : 25 MIN**

**Pour la pâte :** 60 g de farine de pois chiches + 2 cuil. à soupe d'huile d'olive + ½ cuil. à café de levure + 1 cuil. à café d'herbes de Provence + ½ cuil. à café de sel

**Pour la garniture :** 100 g de champignons + 1 tomate + 1 poignée de roquette
1 cuil. à soupe de pignons de pin + 1 tranche de jambon blanc + 1 œuf
2 cuil. à soupe de coulis de tomates

❒ Dans un bol, mélangez la farine, les herbes de Provence, le sel et la levure. Ajoutez 6,5 cl d'eau, mélangez et laissez reposer 20 minutes.

❒ Faites chauffer une poêle huilée et versez la pâte. Faites cuire pendant 5 minutes à feu moyen.

❒ Préchauffez le four à 180 °C (th. 6). Lavez la tomate et coupez-la en rondelles. Nettoyez et émincez les champignons. Déposez la pâte à pizza sur une plaque recouverte de papier cuisson, nappez de coulis, ajoutez les tomates et les champignons, le jambon en morceaux, les pignons de pin et enfournez pour 10 minutes. Ajoutez l'œuf, puis enfournez à nouveau 10 minutes. Servez avec la roquette.

# PIZZA SALSA VERDE

**POUR 2 À 4 PERSONNES • PRÉPARATION : 15 MIN • REPOS : 10 MIN**
**CUISSON : 5 À 10 MIN**

130 g de farine de pois chiches + un peu pour le plan de travail + 1 cuil. à soupe de lait d'amande + Quelques graines germées + 1 cuil. à soupe de sel + 2 cuil. à soupe d'huile d'olive + ½ cuil. à soupe de poivre

**Pour la salsa verde :** 2 grosses tomates vertes + 1 poignée de roquette + ½ piment vert
1 gousse d'ail + 1 petit bouquet de coriandre ciselée + ¼ d'oignon épluché et haché
6 cl d'huile d'olive + Sel, poivre

❒ Préchauffez le four à 200 °C (th. 6-7). Dans un saladier, fouettez la farine de pois chiches, le sel et le poivre. Arrosez d'huile d'olive et de lait d'amande. Ajoutez 2 cuillerées à soupe d'eau et pétrissez jusqu'à ce que vous ayez une pâte lisse. Réservez.

❒ Coupez les tomates vertes en quartiers. Mélangez-les avec la roquette, le piment, l'ail épluché et écrasé, la coriandre, l'oignon et l'huile d'olive dans un petit bol. Assaisonnez.

❒ Farinez un plan de travail. Avec un rouleau à pâtisserie, étalez la pâte. Transférez-la sur une plaque recouverte de papier cuisson et enfournez-la pour 5 à 10 minutes.

❒ Étalez la salsa verde, parsemez de graines germées, puis servez.

# PIZZA BLANCHE AUX PÉTALES DE LÉGUMES

**POUR 4 PERSONNES • PRÉPARATION : 15 MIN • CUISSON : 15 À 20 MIN**

1 pâte à pizza (chez votre boulanger ou voir recette de la pizza verde p.94)
200 g d'un assortiment de carotte, patate douce et courge + 150 g de crème fraîche épaisse (ou de yaourt à la grecque) + 100 g de mozzarella + 1 échalote + ½ botte de persil plat ½ botte de coriandre + 1 poignée de semoule de blé fine (ou de farine) + 1 filet d'huile d'olive + ½ cuil. à café de sucre de canne blond + 1 cuil. à café de sel marin

❒ Préchauffez le four à 240 °C (th. 8). Pelez les légumes. Tranchez-les en lamelles de 2 mm d'épaisseur à l'aide d'une mandoline ou d'un couteau bien aiguisé. Coupez la mozzarella en fines lamelles. Rincez, effeuillez et hachez très finement le persil et la coriandre. Épluchez et ciselez l'échalote.

❒ Saupoudrez le plan de travail de semoule de blé. Étalez la pâte au rouleau à pâtisserie et déposez-la sur une plaque de cuisson. Nappez la pizza de crème fraîche, saupoudrez d'herbes et d'échalote, répartissez les lamelles de mozzarella et de légumes. Enfournez pour 15 à 20 minutes.

❒ À la sortie du four, arrosez d'huile d'olive. Découpez en parts et dégustez aussitôt.

# PIZZA AUX COURGETTES ET AUX LARDONS

**POUR 4 PERSONNES • PRÉPARATION : 20 MIN • CUISSON : 20 MIN**

250 g de pâte à pizza du commerce + 150 g de tomates cerises + 2 courgettes
20 cl de coulis de tomates + 250 g de mozzarella + 80 g de lardons + Poivre

- Déroulez la pâte à pizza et disposez-la sur une plaque à pâtisserie. Lavez les tomates et les courgettes. Coupez les tomates en deux. Découpez les courgettes en fines tagliatelles à l'aide d'un Économe.

- Égouttez la mozzarella, découpez-la en fines tranches. Préchauffez le four à 210 °C (th. 7).

- Nappez la pâte à pizza de coulis de tomates. Ajoutez les tomates, les tagliatelles de courgette, les lardons et la mozzarella. Poivrez légèrement et faites cuire 20 minutes au four.

***Vous pouvez aussi ajouter quelques olives.***

# PISSALADIÈRE

**POUR 6 PERSONNES • PRÉPARATION : 1 H • REPOS : 1 H • CUISSON : 1 H 15**

1 kg de gros oignons + 2 gousses d'ail + 2 pincées de thym séché + 1 feuille de laurier
1 cuil. à soupe de câpres + 30 petites olives noires + 30 filets d'anchois à l'huile
700 g de pâte à pain (chez votre boulanger) + 10 cl d'huile d'olive + Sel, poivre

❒ Écrasez la pâte à pain avec la main sur le plan de travail et pétrissez-la avec 2 cuillerées à soupe d'huile d'olive. Laissez reposer 1 heure à température ambiante.

❒ Pendant ce temps, faites fondre doucement les oignons pelés et émincés dans un poêlon avec 3 cuillerées à soupe d'huile, en ajoutant l'ail pelé et haché, les câpres égouttées, le thym et le laurier. Salez très peu et poivrez. Laissez cuire doucement pendant 30 minutes environ.

❒ Au bout de 1 heure de repos, aplatissez la boule de pâte sur 1 cm d'épaisseur pour en garnir la plaque du four huilée. Versez la compote d'oignons dessus en une couche régulière.

❒ Disposez les anchois égouttés en croisillons et faites cuire au four à 230 °C (th. 7-8) pendant 20 minutes, puis à 180 °C (th. 6) pendant 10 minutes. Sortez la pissaladière, déposez les olives noires entre les croisillons et remettez au four pendant 5 minutes et servez.

***La pissaladière se sert chaude, mais aussi refroidie. Pour un repas rapide, proposez en même temps une salade verte et un petit fromage de chèvre.***

# PIZZA VÉGANE AUX LÉGUMES

**POUR 2 PERSONNES • PRÉPARATION : 15 MIN • CUISSON : 15 MIN**

**Pour la pâte :** 210 g de farine de blé T65 + un peu pour le plan de travail + 1 cuil. à café de sel + 2 cuil. à soupe d'huile d'olive

**Pour la garniture :** 4 cuil. à soupe de sauce tomate + 1 tomate + 1 petite courgette ½ poivron + 1 cuil. à café d'herbes de Provence + 6 olives noires + 1 cuil. à soupe de câpres 2 poignées de roquette + 2 cuil. à café de gomasio

❒ Mélangez la farine, 10 cl d'eau, l'huile et le sel dans un saladier, puis formez une boule avec la pâte obtenue. Farinez le plan de travail et déposez-y la boule de pâte. Étalez-la grossièrement au rouleau à pâtisserie, puis déposez-la sur une feuille de papier cuisson et étalez-la davantage.

❒ Travaillez les bords de la pâte avec les doigts, pour bien arrondir la pizza. Répartissez la sauce tomate sur toute la surface de la pâte.

❒ Lavez les légumes et découpez-les en lamelles de 2 mm d'épaisseur, à la mandoline si possible. Répartissez-les sur la sauce tomate.

❒ Préchauffez le four à 200 °C (th. 6-7). Saupoudrez la pizza d'herbes de Provence, disposez les olives et les câpres. Enfournez pour 15 minutes.

❒ Garnissez la pizza de roquette, préalablement lavée, et de gomasio, puis servez aussitôt.

# FOUGASSE OIGNONS-LARDONS

**POUR 4 PERSONNES • PRÉPARATION : 10 MIN • REPOS : 1 H • CUISSON : 25 MIN**

400 g de pâte à pain (chez votre boulanger) + 90 g de lardons + 1 oignon émincé finement

- Faites revenir les lardons et l'oignon 5 minutes dans une poêle.
- Étalez la pâte sur une feuille de papier cuisson de manière à obtenir un disque de 30 cm environ de diamètre.
- Déposez la garniture sur une moitié du disque. Repliez l'autre moitié de pâte sur la garniture pour l'enfermer et donnez une forme ovale à votre fougasse. Appuyez bien sur les bords pour les sceller. Couvrez d'un torchon et laissez lever 1 heure.
- Préchauffez le four à 210 °C (th. 7). Enfournez pour 20 minutes. Mettez un bol d'eau dans le four pour que la fougasse ne sèche pas.

***Passez en version végétarienne avec du tofu fumé à la place des lardons !***

# TARTE AU LIVAROT FAÇON PIZZA

**POUR 6 PERSONNES • PRÉPARATION : 15 MIN • CUISSON : 30 À 35 MIN**

1 pâte brisée ou feuilletée (du commerce ou voir recettes pages 4 et 6) + ½ livarot
25 cl de crème fraîche épaisse + 1 cuil. à café de graines de cumin + Sel, poivre

❐ Préchauffez le four à 180 °C (th. 6). Déroulez la pâte sur une plaque avec son papier cuisson. Piquez toute la surface avec une fourchette.

❐ Avec un couteau bien aiguisé, retirez finement la croûte du livarot. Taillez-le en lamelles de 3 ou 4 mm d'épaisseur.

❐ Disposez les petites tranches de fromage sur la pâte, en laissant une bande de 1 cm tout autour. Étalez ensuite la crème en couche uniforme avec le dos d'une cuillère. Salez, poivrez et parsemez de cumin.

❐ Enfournez et faites cuire 30 à 35 minutes, jusqu'à ce que les bords de la tarte soient bien dorés. Couvrez avec un papier d'aluminium dès que la surface est suffisamment colorée. Sortez du four et laissez la tarte reposer 5 minutes avant de la découper.

# PIZZA ARMÉNIENNE

**POUR 5 À 7 PERSONNES • PRÉPARATION : 30 MIN • REPOS 2 À 3 H • CUISSON : 15 MIN**

250 g de farine tamisée + un peu de pour la pâte + 5 g de levure de boulanger
1 verre de lait tiède + 1 pincée de sucre en poudre + Sel, poivre

Pour la farce : 400 g de mouton (ou d'agneau) haché + 400 g de tomates mûres
1 cuil. à soupe de concentré de tomate + 1 gros oignon + 6 gousses d'ail (facultatif)
1 poivron vert + 100 g de persil + 1 pincée de piment de Jamaïque en poudre + Sel, poivre

❐ Versez la farine dans un saladier. Creusez un puits dans lequel vous placerez la levure préalablement fondue dans le lait tiède. Ajoutez du sel et le sucre. Pétrissez jusqu'à l'obtention d'une pâte homogène. Laissez-la reposer 2 ou 3 heures, recouverte d'un linge et dans un endroit tiède.

❐ Au bout de ce laps de temps, reprenez la pâte bien levée, partagez-la en boulettes de la taille d'une mandarine. Roulez-les légèrement dans la farine. Laissez reposer 15 minutes environ.

❐ Préparez la farce : mélangez la viande hachée, les tomates lavées, pelées, épépinées et coupées en menus morceaux, le concentré de tomate, l'oignon émincé, l'ail écrasé, le poivron coupé en fines lamelles, le persil haché, le piment, le sel et le poivre.

❐ Préchauffez le four à 220 °C (th. 9). Étalez ensuite les pâtons en cercle et recouvrez-les de farce. Enfournez pour 10 minutes environ.

# PIZZA CAKE

**POUR 6 PERSONNES • PRÉPARATION : 40 MIN • CUISSON : 30 MIN**

1 pain de 20 cm de diamètre (à commander chez votre boulanger)

**Pour la garniture :** 200 g de sauce tomate cuisinée + 2 boules de mozzarella
150 g d'emmental râpé + 1 tranche de jambon + 10 champignons de Paris
1 cuil. à café d'origan + Quelques olives noires + Quelques feuilles de roquette

❒ Préchauffez le four à 180 °C (th. 6). Retirez la partie bombée du pain. Avec un couteau pointu, coupez la mie verticalement au plus près de la croûte. Coupez aussi la croûte du dessous afin d'évider le pain et réservez l'ensemble. Coupez le cylindre de mie en 4 ou 5 tranches. Placez 3 tranches sur une plaque de cuisson et toastez-les au four pendant 10 minutes. Vous n'aurez pas besoin des deux autres, les garnitures vont prendre leur place.

❒ Coupez le jambon en morceaux. Nettoyez et coupez les champignons en lamelles. Égouttez et coupez la mozzarella en tranches.

❒ Replacez le fond et le contour évidé du pain sur une plaque de cuisson recouverte de papier cuisson. Étalez dedans une couche de sauce tomate, répartissez un tiers du jambon, des champignons, de la mozzarella et de l'emmental. Saupoudrez d'origan, puis placez une tranche de pain et recommencez jusqu'à remplir le pain.

❒ Mettez le pizza cake 20 minutes au four, puis 2 minutes sous le gril. Décorez de quelques olives noires, de lamelles de champignons crus et de roquette. Servez aussitôt accompagné de salade.

# PIZZA POIRES-BLEU

**POUR 4 PERSONNES • PRÉPARATION : 25 MIN • REPOS : 1 H • CUISSON : 30 MIN**

**Pour la pâte à pizza :** 250 g de farine + 1 cuil. à soupe pour le plan de travail + 10 g de levure de boulanger lyophilisée + 1 cuil. à café de sucre en poudre + 1 cuil. à café d'huile d'olive ½ cuil. à café de sel

**Pour la garniture :** 2 poires + 2 cuil. à soupe de jus de citron + 100 g de bleu 400 g de pulpe de tomates en boîte + 1 gros oignon + 1 cuil. à café d'origan 1 pincée de sucre en poudre + 1 cuil. à soupe d'huile d'olive + Sel, poivre

❒ Diluez la levure de boulanger dans 10 cl d'eau tiède. Laissez-la se dissoudre.

❒ Mélangez au robot la farine, le sucre, le sel, l'huile et la levure diluée. Laissez pétrir quelques minutes, jusqu'à l'obtention d'une boule de pâte. Mettez-la dans un saladier saupoudré de farine, couvrez d'un linge et laissez lever 1 heure, à température ambiante.

❒ Pelez et émincez l'oignon. Chauffez l'huile dans une poêle antiadhésive et faites-y revenir l'oignon avec 1 pincée de sel, 5 minutes à feu moyen. Ajoutez les tomates, le sucre et l'origan. Salez. Remuez puis couvrez et laissez cuire 5 minutes. Enlevez le couvercle et laissez la sauce tomate réduire quelques minutes. Poivrez et retirez du feu.

❒ Préchauffez le four à 200 °C (th. 6-7). Lavez les poires, puis pelez-les, épépinez-les et coupez-les en tranches.

❒ Sur le plan de travail fariné, étalez la pâte au rouleau et déposez-la sur une plaque à pâtisserie antiadhésive. Nappez-la de sauce tomate et enfournez pour 12 minutes. Ajoutez les tranches de poires et le bleu émietté. Enfournez de nouveau pour 8 minutes. Servez chaud ou froid.

# TARTE À LA RHUBARBE

**POUR 6 PERSONNES • PRÉPARATION : 35 MIN • REPOS : 1 H • CUISSON : 35 MIN**

1 kg de rhubarbe + 1 œuf + 3 cuil. à soupe de crème fraîche épaisse + 120 g de beurre ou de margarine + 250 g de farine + 80 g de sucre en poudre + Sel

❒ Versez la farine dans un saladier. Ajoutez 1 pincée de sel et le beurre coupé en petits dés. Mélangez du bout des doigts pour obtenir une consistance sableuse. Versez un demi-verre d'eau et travaillez rapidement la pâte en formant une boule. Couvrez de film étirable et placez au frais au moins 1 heure.

❒ Pelez les tiges de rhubarbe, rincez-les sous l'eau et séchez-les. Coupez-les en petits tronçons.

❒ Préchauffez le four à 180 °C (th. 6). Étalez la pâte sur le plan de travail, puis garnissez-en un moule à tarte de 24 cm de diamètre environ. Piquez le fond avec une fourchette.

❒ Disposez les tronçons de rhubarbe sur la pâte. Battez l'œuf dans un bol avec le sucre et la crème. Versez sur la pâte et faites cuire 35 minutes au four. Dégustez tiède ou à température ambiante.

# TARTE FINE AUX POMMES

**POUR 6 PERSONNES • PRÉPARATION : 10 MIN • CUISSON : 20 À 25 MIN**

1 pâte feuilletée (du commerce ou voir recette page 6) + 3 pommes (golden, reinette ou belle de boskoop) + 80 g de beurre + 4 cuil. à soupe de sucre en poudre blond

❐ Coupez la moitié du beurre en petits dés. Faites fondre le reste dans une petite casserole et laissez-le tiédir.

❐ Préchauffez le four à 200 °C (th. 6-7). Déroulez la pâte et posez-la sur une plaque avec son papier cuisson. Piquez toute la surface avec une fourchette. Mettez au réfrigérateur pendant la préparation des fruits.

❐ Épluchez les pommes, coupez-les en deux, évidez-les, puis recoupez chaque moitié en tranches fines.

❐ Sortez la pâte du réfrigérateur et disposez les pommes en cercles concentriques ou en rangées régulières, en allant presque jusqu'au bord et en les faisant se chevaucher pour bien recouvrir la pâte.

❐ Répartissez les dés de beurre, saupoudrez la moitié du sucre et faites cuire 15 minutes.

❐ Sortez la tarte du four, étalez le beurre fondu sur les pommes avec un pinceau et saupoudrez le reste du sucre. Remettez à cuire 5 à 10 minutes. Servez tiède ou chaud.

***Pour une saveur plus originale, utilisez du beurre demi-sel.***

# MINCE PIE DE NOËL

**POUR 6 PERSONNES • PRÉPARATION : 30 MIN • CUISSON : 25 MIN**

1 pâte brisée (du commerce ou voir recette page 4) + 2 pommes + 1 noisette de beurre
3 cuil. à soupe de miel + 3 cuil. à soupe de jus d'orange + 2 cuil. à soupe de noisettes
2 cuil. à soupe d'amandes + 2 cuil. à soupe de noix de pécan + 2 cuil. à café de raisins secs
1 cuil. à café de cannelle moulue + 1 cuil. à soupe de sucre glace

- Préchauffez le four à 180 °C (th. 6).
- Étalez la pâte brisée et garnissez-en des moules à tartelettes. Découpez 6 cercles de 10 cm de diamètre dans le reste de pâte. Percez-les à l'aide de petits emporte-pièces. Réservez le tout au réfrigérateur.
- Faites fondre le beurre, le miel et le jus d'orange dans une casserole. Ajoutez les pommes coupées en petits dés et les fruits secs. Saupoudrez de cannelle et laissez compoter 7 minutes.
- Répartissez la préparation aux fruits sur les fonds de tartelettes. Recouvrez avec les disques de pâte et soudez bien les bords. Enfournez pour 15 minutes ou jusqu'à ce que la pâte soit cuite.
- Saupoudrez de sucre glace avant de servir.

# TARTE AMANDINE

**POUR 6 PERSONNES • PRÉPARATION : 30 MIN • CUISSON : 30 MIN**

1 pâte brisée (du commerce ou voir recette page 4) + 4 demi-poires au sirop
50 g de beurre pommade + 50 g de sucre en poudre + 50 g de poudre d'amandes
10 g de fécule de maïs + 1 petit œuf + 1 cuil. à soupe d'amandes effilées

❒ Étalez la pâte brisée dans une tourtière. Récupérez le surplus de pâte, étalez-le de nouveau avec le rouleau à pâtisserie et façonnez-y des formes avec des emporte-pièces. Placez le tout au réfrigérateur. Préchauffez le four à 180 °C (th. 6).

❒ Fouettez le beurre pommade, le sucre et la poudre d'amandes dans un saladier. Ajoutez la fécule de maïs tamisée et l'œuf. Mélangez la préparation pour obtenir une texture homogène.

❒ Égouttez bien les poires et coupez-les en lamelles en conservant la forme des fruits. Répartissez la crème d'amande sur le fond de tarte. Déposez joliment les lamelles de poire. Parsemez d'amandes effilées. Décorez de petites formes de pâte découpées.

❒ Enfournez pour 30 minutes ou jusqu'à ce que la tarte soit dorée.

# TATIN POMMES-SPÉCULOOS

**POUR 6 PERSONNES • PRÉPARATION : 20 MIN • CUISSON : 35 À 40 MIN**

6 pommes à cuire (reinettes, granny-smith) + 80 g de beurre + 1 pâte brisée ou feuilletée (du commerce ou voir recette pages 4 et 6) + 8 spéculoos + ½ cuil. à café de cannelle en poudre + 80 g de sucre en poudre

❒ Écrasez les spéculoos ou réduisez-les en grosse chapelure au robot. Épluchez les pommes, coupez-les.

❒ Faites fondre le beurre à feu doux dans un moule rond épais de 24 cm de diamètre. Quand il commence à mousser, saupoudrez avec la moitié du sucre et laissez caraméliser.

❒ Parsemez de la moitié des spéculoos, puis rangez les quartiers de pommes dans le moule, en les posant sur le côté bombé. Saupoudrez-les avec le reste du sucre et laissez cuire environ 10 minutes.

❒ Préchauffez le four à 180 °C (th. 6). Parsemez le reste des spéculoos sur les pommes, saupoudrez de cannelle, puis posez la pâte et glissez le bord à l'intérieur du moule.

❒ Enfournez et faites cuire 25 à 30 minutes. Sortez la tarte du four, laissez-la tiédir et retournez-la sur un plat.

# TARTE MOSAÏQUE FRUITÉE

**POUR 6 PERSONNES • PRÉPARATION : 30 MIN • CUISSON : 20 MIN**

1 pâte sablée (du commerce ou voir recette page 4) + 100 g de myrtilles
100 g de framboises + 100 g de fraises + 100 g de groseilles

Pour la crème pâtissière : 50 cl de lait entier + 4 jaunes d'œufs + 5 cuil. à soupe de sucre en poudre + 4 cuil. à soupe de fécule de maïs + 1 gousse de vanille

❒ Préchauffez le four à 180 °C (th. 6). Déroulez la pâte sablée sur son papier cuisson dans un moule à tarte. Piquez la pâte, recouvrez d'une autre feuille de papier et de poids de cuisson. Enfournez pour 15 minutes. Laissez refroidir sur une grille.

❒ Dans une casserole, faites chauffer le lait jusqu'à frémissement. Fendez la gousse de vanille et grattez-la pour récupérer les graines dans le lait. Fouettez les jaunes d'œufs et le sucre dans un saladier, ajoutez la fécule de maïs. Versez le lait frémissant tout en mélangeant, puis replacez la préparation dans la casserole et laissez épaissir à feu doux sans cesser de mélanger. Au premier bouillon, cessez la cuisson de la crème pâtissière. Réservez dans un plat.

❒ Versez la crème pâtissière refroidie sur le fond de tarte. Décorez de fruits.

# TARTE CHEESECAKE CŒURS

**POUR 6 PERSONNES • PRÉPARATION : 40 MIN • CUISSON : 10 À 15 MIN • REPOS : 5 H**

**Pour la pâte coco :** 150 g de farine de riz + 60 g de sucre complet (ou de sucre de canne) 60 g de purée d'amandes (en boutique bio) + 40 g de noix de coco râpée + 2 cuil. à soupe d'huile de coco + 1 œuf + 1 pincée de sel

**Pour l'appareil à cheesecake :** 200 g de noix de cajou crues (non salées, en boutique bio) 20 cl de crème de coco + 4 cuil. à soupe de sirop d'agave + 4 cuil. à soupe de purée d'amandes (en boutique bio) + 1 cuil. à soupe d'huile de coco + 1 gousse de vanille 15 cl de coulis de fraise pour le décor

❐ Placez dans le bol d'un robot la farine de riz, le sucre complet, la purée d'amandes, la noix de coco râpée, l'huile de coco, l'œuf et le sel. Fouettez en incorporant petit à petit 5 cuillerées à soupe d'eau, jusqu'à l'obtention d'une boule de pâte homogène.

❐ Étalez la pâte entre 2 feuilles de papier cuisson. Réservez au frais pendant 1 heure.

❐ Préchauffez le four à 180 °C (th. 6). Foncez la pâte dans le moule à tarte. Recouvrez de papier et de poids de cuisson, enfournez pour 10 à 15 minutes. Laissez refroidir le moule sur une grille avant de démouler la pâte sur le plat de présentation.

❐ Mixez au blender les noix de cajou, la crème de coco, le sirop d'agave, la purée d'amandes, l'huile de coco fondue et les graines de la gousse de vanille fendue et grattée. Quand le mélange est onctueux, versez-le sur le fond de tarte refroidi.

❐ À l'aide d'une pipette, formez des gouttes de coulis de fraise sur le dessus de la pâte. Reliez les points entre eux à l'aide de la pointe d'un cure-dent pour dessiner des petits cœurs. Réservez au moins 4 heures au réfrigérateur avant de servir.

# TARTE TORSADE ABRICOTS-VERVEINE

**POUR 6 PERSONNES • PRÉPARATION : 25 MIN • REPOS : 5 MIN • CUISSON : 30 MIN**

2 pâtes sablées (du commerce ou voir recette page 4) + 100 g de biscuits amaretti (en épicerie italienne) + 450 g d'abricots + 4 feuilles de verveine

❒ Préchauffez le four à 180 °C (th. 6). Étalez 1 rouleau de pâte sablée dans le moule à tarte en conservant le papier cuisson. Piquez la pâte, recouvrez d'une autre feuille de papier et de poids de cuisson. Enfournez pour 12 minutes.

❒ Mixez les biscuits amaretti. Garnissez la pâte précuite de ces biscuits émiettés.

❒ Coupez les abricots en deux et dénoyautez-les. Disposez-les sur la pâte par-dessus les miettes d'amaretti. Parsemez de verveine ciselée.

❒ Étalez la seconde pâte sablée et découpez-y de fines lanières de 2 cm de large. Torsadez ces lanières, puis disposez-les sur le dessus de la tarte aux abricots de façon à former une spirale. Réservez le moule pendant 5 minutes au congélateur.

❒ Enfournez la tarte pour 20 minutes, jusqu'à ce que les torsades soient dorées. Servez tiède ou à température ambiante.

# TARTELETTES AU CHOCOLAT

**POUR 6 PERSONNES • PRÉPARATION : 30 MIN • CUISSON : 15 À 20 MIN**

400 g de pâte sablée (du commerce ou voir recette page 4) + 40 g de beurre
15 cl de crème liquide + 250 g de chocolat noir (au moins 62 % de cacao)

❐ Partagez la pâte en six. Préchauffez le four à 160 °C (th. 5-6) et préparez 6 moules à tartelettes de 8 à 10 cm de diamètre. Étalez chaque morceau de pâte en un disque un peu plus grand que le moule, de 3 à 4 mm d'épaisseur.

❐ Garnissez les moules. Recoupez nettement le bord et piquez le fond avec une fourchette. Faites cuire 12 à 15 minutes à blanc. Retirez du four et laissez refroidir.

❐ Cassez le chocolat en petits morceaux et mettez-les dans un saladier avec le beurre. Faites bouillir la crème dans une petite casserole, retirez-la du feu aux premiers frémissements et versez-la aussitôt sur le chocolat. Laissez fondre 1 minute, puis remuez vivement à la spatule, jusqu'à l'obtention d'une consistance lisse et onctueuse.

❐ Remplissez les fonds de tarte de crème au chocolat et laissez durcir. Placez à température ambiante.

***Ne placez pas les tartelettes au réfrigérateur : la garniture risquerait de durcir. Recouvrez de copeaux de chocolat prélevés sur une tablette avec un couteau Économe ou de pralines roses concassées, étalées comme un crumble.***

# TARTE AU CITRON

**POUR 6 PERSONNES • PRÉPARATION : 30 MIN • REPOS : 30 MIN • CUISSON : 30 MIN**

2 citrons à peau fine + 5 œufs + 200 g de beurre + 250 g de farine + 150 g de sucre
1 cuil. à soupe d'eau de fleur d'oranger + 2 cuil. à soupe d'écorce de cédrat confit hachée

❒ Sur le plan de travail, tamisez la farine, faites une fontaine, versez 60 g de sucre, cassez 2 œufs entiers et ajoutez 130 g de beurre en parcelles. Mélangez rapidement et ramassez la pâte en boule. Laissez reposer au frais pendant 30 minutes.

❒ Lavez les citrons et coupez-les en fines rondelles, retirez les pépins, puis hachez les rondelles (peau et pulpe).

❒ Mélangez la purée de citron avec le reste de beurre fondu, de sucre et d'œufs, et l'eau de fleur d'oranger.

❒ Abaissez la pâte et garnissez-en un moule de 26 cm de diamètre. Versez le mélange au citron dessus, lissez et faites cuire dans le four préchauffé à 180 °C (th. 6) pendant 30 minutes.

❒ À la sortie du four, garnissez la tarte avec le cédrat confit et servez.

# TATIN À LA BAGUETTE RASSISE

**POUR 2 À 4 PERSONNES • PRÉPARATION : 20 MIN • CUISSON : 45 MIN**

10 petites tranches de baguette rassise + 3 pommes calville blanc ou toute autre pomme à cuire + 30 g de beurre doux + 30 g de beurre salé + 60 g de sucre glace
1 trait de calvados ou de rhum + Le jus de ½ citron

- Préchauffez le four à 180 °C (th. 6). Humidifiez les tranches de baguette à l'eau.
- Tapissez le fond et les parois d'une terrine ou d'un moule à cake de 1 litre environ de contenance de ces tranches.
- Épluchez les pommes et coupez-les en quartiers. Tassez et serrez les pommes dans la terrine.
- Sur le feu, faites mousser les beurres avec le sucre glace. Retirez du feu et émulsionnez avec le calvados et le jus de citron. Fouettez et versez le mélange sur les pommes et le pain. Mettez la terrine au four.
- Quand le tout est bien caramélisé, au bout de 45 minutes environ, retirez du four et laissez tiédir. Démoulez sur un plat après avoir plongé le moule dans l'eau chaude.

# TARTE AUX QUETSCHES

**POUR 6 PERSONNES • PRÉPARATION : 25 MIN • CUISSON : 30 MIN**

1 kg de quetsches mûres + 30 g de beurre + 250 g de pâte brisée (du commerce ou voir recette page 4) + 125 g de sucre en poudre + 4 ou 5 petits macarons secs aux amandes

❒ Lavez les quetsches, essuyez-les et coupez-les en deux pour retirer le noyau. Réservez les fruits.

❒ Écrasez les macarons pour les réduire en poudre pas trop fine. Abaissez la pâte brisée et garnissez-en une tourtière beurrée ou des moules à tartelettes. Étalez les macarons en poudre sur le fond en une couche régulière.

❒ Rangez les quetsches dessus, en rosace, peau contre le fond. Poudrez les fruits avec le sucre et mettez la tarte dans le four à 230 °C (th. 7-8).

❒ Laissez cuire 30 minutes environ. Servez la tarte tiède ou complètement refroidie.

❒ À la place des macarons, vous pouvez utiliser d'autres biscuits, de préférence aux amandes, mais aussi à l'anis ou encore au gingembre, selon votre goût.

# TARTE-TIRAMISU AUX PÊCHES

**POUR 8 PERSONNES • PRÉPARATION : 30 MIN • CUISSON : 15 MIN**
**RÉFRIGÉRATION : 3 HEURES**

300 g de pâte sablée (du commerce ou voir recette page 4) + 8 demi-pêches au sirop léger
300 g de mascarpone + 4 œufs + 80 g de biscuits aux amandes + 80 g de sucre en poudre

❒ Préchauffez le four à 180 °C (th. 6) et préparez un moule. Étalez la pâte au rouleau en un disque un peu plus grand que le moule, de 2 à 3 mm d'épaisseur. Déposez-la dans le moule. Appuyez bien pour la faire adhérer, puis découpez les bords. Piquez le fond avec une fourchette. Faites cuire 15 minutes à blanc. Laissez refroidir et démoulez.

❒ Égouttez les pêches sur du papier absorbant et recoupez chaque moitié en quartiers. Broyez les biscuits au robot ou écrasez-les en chapelure assez fine. Étalez-les dans le fond de tarte.

❒ Cassez les œufs en séparant les blancs des jaunes. Fouettez les jaunes avec le sucre, jusqu'à ce qu'ils blanchissent et deviennent mousseux, puis ajoutez le mascarpone et mélangez vivement.

❒ Fouettez les blancs en neige très ferme, puis incorporez-les délicatement à la crème au mascarpone.

❒ Étalez la moitié du mélange sur les biscuits, puis disposez les quartiers de pêches en rosace. Recouvrez-les du reste de crème au mascarpone et mettez au moins 3 heures au réfrigérateur. Servez très frais.

# TARTE AU FROMAGE BLANC

**POUR 6 PERSONNES • PRÉPARATION : 20 MIN • CUISSON : 30 MIN**

3 œufs + 500 g de fromage blanc assez ferme + 10 cl de crème fraîche + 30 g de beurre
300 g de pâte brisée (du commerce ou voir recette page 4) + 200 g de sucre en poudre
2 cuil. à soupe de farine + 2 cuil. à soupe de kirsch

❐ Mettez le fromage blanc dans une passoire tapissée d'une mousseline et laissez-le s'égoutter au maximum.

❐ Pendant ce temps, abaissez la pâte, puis garnissez-en une tourtière beurrée à bord assez haut. Piquez le fond et faites-le sécher dans le four à chaleur tiède.

❐ Mélangez le fromage blanc bien égoutté avec la crème fraîche, le sucre et la farine. Incorporez ensuite les œufs battus en omelette et le kirsch. Versez cette préparation sur le fond de tarte et lissez le dessus avec une spatule.

❐ Faites cuire dans le four à 240 °C (th. 8) pendant 30 minutes. Laissez refroidir avant de servir.

❐ Vous pouvez remplacer le kirsch par un alcool de fruit (de poire notamment) et servir la tarte en fines portions avec un sorbet à la poire.

# TARTELETTES AUX FRAISES

**PRÉPARATION : 20 MIN • REPOS : 1 H • CUISSON : 20 MIN**

**Pour la pâte sablée :** 100 g de farine + 2 cuil. à soupe de sucre en poudre + 150 g de crème fraîche épaisse + 1 pincée de sel + Beurre et farine pour les moules

**Pour la crème pâtissière :** 50 cl de lait + 3 jaunes d'œufs + 100 g de sucre en poudre 50 g de farine + 50 g de beurre + 600 g de fraises

- Versez la farine, le sucre, le sel et la crème dans un bol. Malaxez du bout des doigts jusqu'à former une boule. Laissez reposer la pâte 1 heure.

- Préchauffez le four à 180 °C (th. 6). Beurrez et farinez 6 moules à tartelettes. Abaissez la pâte, puis foncez les moules. Piquez-les à l'aide d'une fourchette puis enfournez pour 20 minutes.

- Placez les fraises dans une passoire et passez-les rapidement sous l'eau. Enlevez la queue et coupez les fraises en tranches ou en 4. Faites chauffer le lait dans une casserole. Dans un saladier, battez les jaunes d'œufs avec le sucre, puis ajoutez la farine.

- Versez le lait bouillant sur cette préparation tout en remuant au fouet. Reversez le mélange dans la casserole et remettez sur feu moyen, tout en remuant. Lorsque la crème a épaissi, retirez du feu et ajoutez le beurre en fouettant vivement. Laissez refroidir.

- Versez la crème pâtissière sur les fonds de pâte, et au besoin, lissez à la spatule. Dressez les fraises coupées par-dessus.

# TARTE AU CARAMEL

**POUR 6 À 8 PERSONNES • PRÉPARATION : 20 MIN • CUISSON : 30 MIN**

1 pâte sablée (du commerce ou voir recette page 4) + 4 jaunes d'œufs + 60 cl de lait
50 g de beurre + 50 g de farine + 150 g de vergeoise + 1 cuil. à café d'extrait de vanille

❒ Préchauffez le four à 180 °C (th. 6). Foncez un moule beurré avec la pâte, piquez-la avec une fourchette et faites-la cuire à blanc pendant 20 minutes. Laissez refroidir et démoulez délicatement.

❒ Dans une casserole, faites cuire ensemble, à feu doux, la vergeoise et le beurre jusqu'à l'obtention d'un sirop. Hors du feu, ajoutez 50 cl de lait en fouettant. Dans un petit saladier, mettez la farine et versez dessus le reste de lait, en remuant bien. Ajoutez ce mélange au sirop beurre-sucre et faites épaissir 5 minutes à feu doux et sans cesser de remuer.

❒ Dans un bol, battez les jaunes d'œufs à l'aide d'une fourchette. Versez un peu du mélange beurre-sucre-farine par-dessus et mélangez. Reversez le tout dans la casserole et faites cuire encore 1 minute sur feu doux en remuant.

Laissez refroidir et ajoutez la vanille. Étalez la crème sur le fond de tarte et servez froid, accompagné ou non de crème chantilly.

# TARTE ÉTOILE CHOCOLAT-PÉCAN

**POUR 4 PERSONNES • PRÉPARATION : 15 MIN • CUISSON : 25 MIN**

400 g de pâte feuilletée (du commerce ou voir recette page 6) + 100 g de chocolat noir pâtissier + 100 g de caramel au beurre salé (crémeux) + 40 g de noix de pécan 1 cuil. à soupe de lait

❐ Préchauffez le four à 180 °C (th. 6). Hachez le chocolat, faites-le fondre au bain-marie ou au four à micro-ondes. Ajoutez le caramel au beurre salé et les noix de pécan concassées.

❐ Divisez la pâte en 2 pâtons. Étalez chacun d'eux en un cercle. Disposez un des deux cercles de pâte sur une plaque garnie de papier cuisson. Recouvrez-le de préparation au chocolat en laissant un bord de 1 cm.

❐ Mouillez d'eau le pourtour. Recouvrez du second disque de pâte. Placez un verre au centre de la pâte pour délimiter le cœur de l'étoile. Tracez 16 rayons autour du verre. Torsadez 1 rayon en 3 tortillons, puis torsadez le rayon suivant dans le sens inverse et répétez.

❐ Badigeonnez de lait, puis enfournez sur une plaque tapissée de papier cuisson pour 20 minutes.

# TARTE AUX FRAMBOISES RENVERSANTE

**POUR 6 PERSONNES • PRÉPARATION : 50 MIN • REPOS : 1 H 10 • CUISSON : 15 MIN**

Pour le fond de tarte « palet breton » : 140 g de farine + 80 g de beurre demi-sel ramolli
80 g de sucre en poudre + 2 jaunes d'œufs + ½ sachet de levure chimique

Pour la garniture : 30 cl de crème fleurette + 130 g de sucre glace + 1 gousse de vanille
200 g de framboises + 15 cl de coulis de framboise

❒ Préparez le fond de tarte : dans le bol d'un robot, fouettez les jaunes d'œufs avec le sucre jusqu'à ce que le mélange blanchisse. Ajoutez le beurre ramolli, la farine et la levure. Emballez la boule de pâte obtenue dans un film alimentaire, réservez 1 heure au réfrigérateur.

❒ Préchauffez le four à 180 °C (th. 6). Étalez la pâte sur le plan de travail, puis garnissez-en un moule à tarte. Découpez un cercle de 8 cm de diamètre au centre de la pâte à l'aide d'un emporte-pièce et retirez le petit disque de pâte. Replacez l'emporte-pièce au centre. Enfournez le moule pour 15 minutes ou jusqu'à ce que la pâte soit dorée. Laissez refroidir avant de démouler sur le plat de service.

❒ Préparez la garniture : placez la crème, le fouet et le bol du batteur pendant 10 minutes au congélateur. Montez la crème très froide en chantilly. Juste avant qu'elle ne devienne bien ferme, incorporez le sucre glace tamisé et les graines de la gousse de vanille fendue et grattée. Garnissez une poche à douille de chantilly.

❒ Dressez la chantilly sur le fond de tarte refroidi. Disposez joliment les framboises, trou vers le haut. À l'aide d'une poche à douille ou d'une pipette, remplissez chaque cœur de framboise de coulis. Servez frais.

# TARTE AUX CERISES NOIRES

**POUR 6 PERSONNES • PRÉPARATION : 15 MIN • RÉFRIGÉRATION : 30 MIN**
**CUISSON : 1 H**

1 kg de cerises noires + 15 cl de crème fraîche + 100 g de beurre + 200 g de macarons secs aux amandes + 200 g de farine + 100 g de sucre en poudre + 1 pincée de sel

❒ Préparez une pâte brisée avec la farine, le beurre, le sel et 1 cuillerée à soupe de sucre. Amalgamez la pâte avec un peu d'eau froide, ramassez-la en boule et mettez-la au frais pendant 30 minutes.

❒ À la sortie du réfrigérateur, étalez-la et garnissez-en un moule de 26 cm de diamètre. Dénoyautez les cerises et rangez-les sur le fond de tarte en les serrant.

❒ Poudrez du reste de sucre et faites cuire à 220 °C (th. 7-8) pendant 1 heure.

❒ Émiettez finement les macarons et mélangez-les avec la crème fraîche fouettée en chantilly. Étalez cette garniture sur la tarte démoulée et refroidie.

***Vous pouvez supprimer la garniture de crème chantilly, mais conservez les macarons émiettés qui absorberont l'éventuel excès de jus des cerises.***

# TARTE AUX FIGUES

**POUR 6 PERSONNES • PRÉPARATION : 30 MIN • CUISSON : 1 H 35**

250 g de pâte brisée sucrée (du commerce ou voir recette page 4) + 1 kg de petites figues violettes + 250 g de fraises + 4 blancs d'œufs + 2 cuil. à soupe de crème fraîche 25 g de beurre + 200 g de miel de Provence liquide + 80 g de sucre en poudre

❒ Lavez et essuyez délicatement les figues, puis rangez-les dans une casserole basse sur une seule couche, debout. Versez le miel dessus et laissez confire doucement à couvert pendant 1 heure, puis retirez du feu et laissez refroidir complètement.

❒ Abaissez la pâte et garnissez un moule à tarte beurré de 26 cm de diamètre. Réservez au frais.

❒ Dans une casserole, faites chauffer les fraises équeutées avec 50 g de sucre pendant 10 minutes. Retirez du feu, ajoutez la crème et réduisez le tout en purée.

❒ Sortez le fond de tarte du réfrigérateur et faites-le cuire à blanc au four à 180 °C (th. 6) pendant 20 minutes. Étalez sur le fond la purée de fraises, puis prélevez les figues de leur sirop et disposez-les par-dessus.

❒ Montez les blancs d'œufs en neige ferme avec le reste de sucre et étalez-les sur le dessus. Passez au four 5 minutes, juste pour dorer la meringue.

# TARTELETTES BONNE FÊTE MAMAN

**POUR 4 PERSONNES • PRÉPARATION : 15 MIN • CUISSON : 15 À 20 MIN**

1 pâte sablée (du commerce ou voir recette page 4) + 200 g de fraises des bois
3 cuil. à soupe de poudre de noisettes + 2 cuil. à soupe de confiture de fraises
1 sachet de sucre vanillé

❐ Préchauffez le four à 180 °C (th. 6).

❐ Découpez 8 cercles de pâte sablée et foncez-en des moules à tartelettes. Parsemez-les de poudre de noisettes, répartissez par-dessus 150 g de fraises des bois, puis saupoudrez de sucre vanillé.

❐ Découpez des petits motifs en forme de cœur ou de fleur dans les chutes de pâte (à l'aide des emporte-pièces ou d'un couteau pointu). Disposez les motifs sur les fraises des bois.

❐ Enfournez pour 15 à 20 minutes : le dessus doit être doré. Nappez de confiture de fraises à la sortie du four et décorez de quelques fraises des bois fraîches. Servez à température ambiante.

***On peut aussi utiliser 200 g de fraises, coupées en petits dés, ou des myrtilles.***

# TARTE CHOCO-CACAHUÈTE

**POUR 8 PERSONNES • PRÉPARATION : 25 MIN • CUISSON : 5 MIN**
**RÉFRIGÉRATION : 1 H 30**

250 g de biscuits type petit-beurre ou palet breton + 70 g de beurre doux en petits morceaux + 50 g de cacahuètes hachées + 25 cl de crème fleurette + 70 g de beurre de cacahuètes + 350 g de chocolat noir

❒ Faites fondre le beurre. Écrasez et mélangez les biscuits aux cacahuètes hachées et au beurre fondu. Tapissez un moule à fond amovible rectangulaire de 10 x 20 cm de long environ. Mettez à durcir au réfrigérateur 30 minutes environ.

❒ Faites bouillir la crème. Pendant ce temps, hachez le chocolat, mettez-le dans un bol avec le beurre de cacahuètes en petits morceaux. Versez la crème bouillante dessus et laissez reposer 2 minutes. Mélangez et lissez.

❒ Versez sur le fond froid durci et remettez au frais pendant 1 heure. Démoulez pour déguster à température ambiante.

# TARTELETTES FAÇON COING EN CAGE

**POUR 4 PERSONNES • PRÉPARATION : 1 H • CUISSON : 1 H 10**

400 g de pâte feuilletée (du commerce ou voir recette page 6) + 2 petits coings
180 g de sucre en poudre + ½ citron non traité + 1 bâton de cannelle + 1 étoile de badiane
1 cuil. à café de quatre-épices

Pour la dorure : 1 jaune d'œuf

❐ Épluchez les coings, coupez-les en deux et épépinez-les.

❐ Portez à ébullition 60 cl d'eau avec le sucre dans une casserole. Ajoutez le citron coupé en rondelles, la cannelle, la badiane, le quatre-épices et ajoutez les coings. Laissez mijoter 40 minutes : les coings doivent être tendres. Retirez la cannelle, la badiane et le citron. Laissez refroidir.

❐ Préchauffez le four à 200 °C (th. 6-7).

❐ Étalez la pâte feuilletée. À l'aide d'un couteau pointu, découpez 4 formes de coing et 8 feuilles. Sur chaque forme, disposez 1 demi-coing. Avec un pinceau de cuisine, badigeonnez de jaune d'œuf les bords de pâte dépassant du demi-coing.

❐ Préparez les cages avec la pâte restante (bien froide) : découpez de petits cercles à l'aide d'un emporte-pièce ou d'un couteau et retirez-les pour qu'il ne reste qu'un « grillage » de pâte. Recouvrez chaque demi-coing de cette pâte grillagée ; soudez bien les bords de la pâte du dessus avec celle du dessous. Ajoutez les feuilles. Dorez le dessus des coings en cage avec du jaune d'œuf.

❐ Enfournez sur une plaque tapissée de papier cuisson pour 30 minutes ou jusqu'à ce que les cages soient dorées.

***Servez les coings en cage avec de la crème glacée à la vanille.***

# TARTELETTES POMMES D'AMOUR

**POUR 8 PERSONNES • PRÉPARATION : 30 MIN • CUISSON : 10 MIN**

1 pâte feuilletée (du commerce ou voir recette page 6) + 2 pommes + 20 g de beurre
2 cuil. à soupe de sucre glace + 1 cuil. à café + 16 petites feuilles de menthe

- Préchauffez le four à 180 °C (th. 6).
- Étalez la pâte feuilletée et découpez-y 16 petits cercles de 2,5 cm de diamètre. Piquez-les, saupoudrez-les de sucre glace (1 cuillerée à café pour l'ensemble) et enfournez-les sur une plaque pour quelques minutes : les cercles doivent être dorés.
- Découpez 16 billes de pomme à l'aide d'une cuillère parisienne (cuillère à melon).
- Dans une sauteuse, faites fondre 2 cuillerées à soupe de sucre glace. Ajoutez le beurre et laissez caraméliser. Faites-y dorer les billes de pommes pendant 5 minutes.
- Piquez 1 bille de pomme caramélisée sur chaque disque feuilleté. Décorez d'une feuille de menthe. Servez tiède ou à température ambiante.

# TARTELETTES AU LAIT

**POUR 4 PERSONNES • PRÉPARATION : 20 MIN • CUISSON : 30 MIN**

8 feuilles de brick ou de pâte filo + 100 g d'amandes mondées grillées et concassées
40 g de beurre fondu

Pour la crème : 40 cl de lait + 80 g de sucre en poudre + 1 cuil. à café de fécule de maïs
1 bâton de cannelle + 1 cuil. à soupe d'eau de fleur d'oranger

❒ Délayez la fécule de maïs dans 2 cuillerées à soupe de lait froid. Versez le reste du lait dans une casserole, ajoutez le sucre et le bâton de cannelle, et portez à ébullition. Incorporez la fécule délayée dans le lait froid, et sans cesser de remuer faites cuire à feu doux jusqu'à ce que la crème épaississe. Un peu avant la fin de la cuisson, ajoutez l'eau de fleur d'oranger.

❒ Filtrez la crème dans une passoire pour qu'elle soit bien lisse. Laissez tiédir avant de la mettre au frais.

❒ Préchauffez le four à 180 °C (th. 6).

❒ Coupez les feuilles de brick ou la pâte filo en disques, à l'aide d'un emporte-pièce ou d'un grand verre retourné. Superposez les disques par trois, en les badigeonnant de beurre fondu, puis posez-les sur la plaque du four tapissée de papier cuisson. Recouvrez le tout d'une feuille de papier cuisson, mettez une plaque dessus pour que les feuilles restent bien droites durant la cuisson. Enfournez et laissez cuire 1 minute.

❒ Procédez ensuite au montage de la pastilla : alternez feuillage, crème et amandes concassées, en commençant par une couche de feuilles croustillantes, 1 bonne cuillerée à soupe de crème de lait dessus, un peu d'amandes, et ainsi de suite. Vous pouvez faire 3 ou 4 couches selon votre degré de gourmandise, en terminant par une couche de crème parsemée d'amandes. Servez immédiatement.

# TARTE FEUILLETÉE À LA GROSEILLE

**POUR 6 PERSONNES • PRÉPARATION : 10 MIN • CUISSON : 45 MIN**

1 pâte feuilletée (du commerce ou voir recette page 6) + 4 cuil. à soupe de gelée de groseilles + 1 cuil. à soupe de sucre en poudre

- Préchauffez le four à 180 °C (th. 6).
- Déroulez la pâte. Badigeonnez-la de gelée de groseilles. Roulez la pâte sur elle-même en un rouleau bien serré.
- Coupez le rouleau de pâte en 2 dans la longueur. Torsadez les 2 longueurs de pâte entre elles, rejoignez les extrémités pour former une couronne tressée.
- Déposez la couronne sur une plaque tapissée de papier cuisson. Saupoudrez d'un voile de sucre. Enfournez pour 45 minutes ou jusqu'à ce que la tarte feuilletée soit bien dorée.

***Confiture de framboises, pâte à tartiner, purée de noisettes... tout est permis ! Servez la tarte feuilletée à température ambiante avec quelques fruits frais pour le goûter.***

# QUICHE À LA RICOTTA ET AUX MÛRES

**POUR 6 PERSONNES • PRÉPARATION : 20 MIN • CUISSON : 30 MIN**

1 pâte brisée (du commerce ou voir recette page 4) + 250 g de ricotta
200 g de mûres + 50 g de groseilles + 100 g de sucre vanillé
1 cuil. à soupe de Maïzena® + 4 œufs + 1 branche de verveine fraîche
Beurre pour le moule

❒ Préchauffez le four à 200 °C (th. 6-7).

❒ Beurrez un moule à tarte. Foncez la pâte dans le moule et piquez-la avec une fourchette.

❒ Lavez les mûres et les groseilles. Battez dans un saladier la ricotta et le sucre. Ajoutez la Maïzena® et les œufs. Mélangez. Versez cette préparation sur la pâte, puis ajoutez les mûres et les groseilles.

❒ Enfournez pour 30 minutes. Dégustez la quiche froide ou tiède, décorée avec la verveine fraîche.

# FAR BRETON

**POUR 6 PERSONNES • PRÉPARATION : 25 MIN • CUISSON : 1 H • TREMPAGE : 2 H**

4 œufs + 40 cl de lait + 25 g de beurre + 250 g de farine de froment + 30 g de sucre roux en poudre + 400 g de pruneaux + 100 g de raisins secs + 40 cl de thé + Sel

❒ Faites tremper les raisins secs et les pruneaux mélangés dans une jatte, couverts de thé bouillant pendant 2 heures environ, puis égouttez les fruits et dénoyautez les pruneaux.

❒ Cassez les œufs dans un bol.

❒ Versez la farine dans une terrine. Ajoutez 1 pincée de sel, puis le sucre en poudre. Mélangez et faites une fontaine, versez les œufs battus en omelette et incorporez-les à la farine. Versez ensuite le lait petit à petit en mélangeant pour obtenir une pâte homogène.

❒ Ajoutez enfin les pruneaux et les raisins secs bien égouttés.

❒ Beurrez un plat à gratin et versez-y la pâte, après l'avoir mélangée encore une fois.

❒ Enfournez et faites cuire dans le four préchauffé à 200 °C (th. 6-7) pendant 1 heure environ.

# QUICHE AUX POMMES ET AUX RAISINS

**POUR 6 PERSONNES • PRÉPARATION : 20 MIN • CUISSON : 30 MIN**

1 pâte feuilletée (du commerce ou voir recette page 6) + 3 pommes pink lady
50 g de raisins blancs + 100 g de sucre vanillé + 15 cl de crème fraîche épaisse
3 œufs + Beurre pour le moule

- Préchauffez le four à 200 °C (th. 6-7).
- Beurrez un moule à tarte. Foncez la pâte dans le moule et piquez-la avec une fourchette.
- Lavez le raisin. Lavez les pommes, pelez-les et coupez-les en quartiers.
- Battez dans un saladier les œufs, la crème et le sucre. Versez la préparation sur la pâte, puis ajoutez les quartiers de pomme et les grains de raisin.
- Enfournez pour 30 minutes. Dégustez la quiche tiède ou froide.

# QUICHE AUX MIRABELLES ET À LA FLEUR D'ORANGER

**POUR 6 PERSONNES • PRÉPARATION : 20 MIN • CUISSON : 45 MIN**

1 pâte feuilletée (du commerce ou voir recette page 6) + 300 g de mirabelles
100 g de sucre vanillé + 10 cl de crème fraîche épaisse + 10 cl de lait + 3 œufs
2 cuil. à soupe d'eau de fleur d'oranger + Beurre pour le moule

❒ Préchauffez le four à 200 °C (th. 6-7).

❒ Beurrez un moule à tarte. Foncez la pâte dans le moule et piquez-la avec une fourchette.

❒ Lavez les mirabelles et dénoyautez-les.

❒ Faites chauffer le lait et ajoutez l'eau de fleur d'oranger hors du feu.

❒ Battez dans un saladier les œufs, la crème, le sucre et le lait à la fleur d'oranger. Versez la préparation sur la pâte, puis ajoutez les mirabelles dénoyautées.

❒ Enfournez pour 40 minutes. Dégustez la quiche tiède ou froide.

# QUICHE AUX MYRTILLES ET À LA VERVEINE

**POUR 6 PERSONNES • PRÉPARATION : 20 MIN • INFUSION : 10 MIN**
**CUISSON : 45 MIN**

1 pâte feuilletée (du commerce ou voir recette page 6) + 300 g de myrtilles
100 g de cassonade + 10 cl de crème fraîche épaisse + 10 cl de lait de coco
3 œufs + 2 cuil. à soupe de verveine + Cassonade pour la décoration
Quelques feuilles de menthe pour la décoration (facultatif) + Beurre pour le moule

❒ Préchauffez le four à 200 °C (th. 6-7).

❒ Beurrez un moule à tarte. Foncez la pâte dans le moule et piquez-la avec une fourchette.

❒ Lavez les myrtilles.

❒ Faites bouillir dans une casserole le lait de coco et faites infuser pendant 10 minutes la verveine. Passez ensuite le lait au chinois.

❒ Battez dans un saladier les œufs, la crème, le sucre et le lait infusé à la verveine. Versez la préparation sur la pâte, puis ajoutez les myrtilles.

❒ Enfournez pour 40 minutes. Dégustez la quiche tiède ou froide, parsemée de cassonade et décorée éventuellement de feuilles de menthe.

# CLAFOUTIS AUX BRUGNONS ET AU MASSALA

**POUR 6 PERSONNES • PRÉPARATION : 30 MIN • CUISSON : 30 MIN**

3 brugnons jaunes + 3 œufs + 20 cl de lait + 20 g de beurre + 100 g de farine
50 g de sucre en poudre + 1 pincée de massala + 1 sachet de levure

❒ Versez la farine dans un saladier. Ajoutez le sucre, la levure et le massala. Mélangez, puis ajoutez le lait et les œufs. Mélangez au fouet pour obtenir une pâte lisse.

❒ Préchauffez le four à 150 °C (th. 5). Pelez les brugnons, puis coupez-les en fines tranches et éliminez le noyau.

❒ Disposez les tranches de brugnons dans un plat à gratin. Versez la pâte par-dessus.

❒ Ajoutez le beurre coupé en petits morceaux et faites cuire 30 minutes au four. Dégustez tiède sans démouler.

# CLAFOUTIS AU LAIT D'AMANDE

**POUR 6 PERSONNES • PRÉPARATION : 20 MIN • CUISSON : 30 MIN**

500 g de cerises + 2 œufs + 60 g de sucre en poudre + 50 g d'amandes effilées
30 g de farine + 12,5 cl de lait d'amande + 1 gousse de vanille + Beurre pour le moule

❐ Faites fondre 10 g de beurre au four à micro-ondes à faible puissance puis, à l'aide d'un pinceau, badigeonnez le fond et les bords d'un moule à manqué.

❐ Lavez les cerises, séchez-les avec du papier absorbant et ôtez les queues. Fendez la gousse de vanille en deux et prélevez les graines en grattant l'intérieur avec la pointe d'un couteau.

❐ Préchauffez le four à 180 °C (th. 6).

❐ Cassez les œufs dans un saladier et versez le sucre. Mélangez bien avec un fouet jusqu'à ce que le mélange blanchisse et devienne mousseux. Ajoutez les graines de vanille et la farine. Mélangez toujours à l'aide du fouet. Versez le lait tout en fouettant la préparation pour ne pas avoir de grumeaux.

❐ Disposez les cerises dans le moule et versez l'appareil à clafoutis par-dessus. Parsemez d'amandes effilées, puis enfournez pour 30 minutes.

***Pour un clafoutis classique, on utilise du lait entier et on ne saupoudre pas d'amandes effilées.***

# CLAFOUTIS À LA RHUBARBE

**POUR 6 PERSONNES • PRÉPARATION : 15 MIN • CUISSON : 40 À 45 MIN**

500 g de rhubarbe + 2 pommes + 3 œufs bio ou de plein air + 120 g de sucre de canne blond + 100 g de farine de blé T65 ou T80 + 40 cl de lait (ou de lait d'amande)
Beurre pour le moule

❒ Préchauffez le four à 180 °C (th. 6). Beurrez un moule à gratin.

❒ Nettoyez les tiges de rhubarbe et épluchez-les en tirant les fibres avec un petit couteau. Coupez les tiges en tronçons de 3 cm. Pelez les pommes, ôtez les trognons et coupez la chair en morceaux.

❒ Répartissez les fruits dans le moule.

❒ Dans un saladier, versez la farine et le sucre et mélangez. Faites un puits et incorporez les œufs en travaillant la pâte énergiquement avec une cuillère en bois. Délayez en versant petit à petit le lait. Versez la préparation sur les fruits et enfournez pour 40 à 45 minutes : le clafoutis est bien doré.

# FLAN AU POTIRON

**POUR 6 PERSONNES • PRÉPARATION : 25 MIN • CUISSON : 55 MIN**

400 g de chair de potiron + 3 œufs + 20 cl de lait + 30 g de beurre
150 g de farine + 80 g de sucre en poudre + 25 g de poudre d'amandes
1 sachet de levure chimique + 1 sachet de sucre vanillé + 2 pincées de cannelle + Sel

❒ Coupez le potiron en dés et faites-le cuire 20 minutes à la vapeur. Égouttez-le parfaitement dans une passoire en pressant légèrement dessus. Laissez tiédir, puis mixez-le ou écrasez-le à la fourchette.

❒ Préchauffez le four à 150 °C (th. 5). Mélangez dans un saladier la farine, la levure, le sucre en poudre, le sucre vanillé, la cannelle et 1 pincée de sel.

❒ Ajoutez les œufs entiers, le lait et la purée de potiron. Mélangez à l'aide d'une spatule. Incorporez la poudre d'amandes.

❒ Versez le mélange dans un plat à gratin. Répartissez le beurre coupé en petits morceaux à la surface et faites cuire 35 minutes au four. Dégustez tiède.

# TARTE À LA RICOTTA ET À L'ORANGE

**POUR 6 PERSONNES • PRÉPARATION : 15 MIN • CUISSON : 35 MIN**

1 pâte sablée (du commerce ou voir recette page 4) + 400 g de ricotta + 3 œufs
2 jaunes + 2 cuil. à soupe de Maïzena® + 100 g de sucre glace + un peu pour servir
5 cl de jus d'orange + Le zeste de ½ orange, finement râpé + 100 g de marmelade d'orange fine + 1 pincée de sel

❒ Déroulez la pâte et garnissez un moule à tarte. Coupez nettement le bord à ras du moule et piquez le fond avec une fourchette. Mettez au réfrigérateur pendant la préparation de la garniture.

❒ Préchauffez le four à 160 °C (th. 5-6). Cassez les œufs entiers en séparant les blancs des jaunes.

❒ Versez la ricotta dans un grand bol et fouettez-la 2 ou 3 minutes avec les 5 jaunes d'œufs et le sucre. Saupoudrez la Maïzena® sans cesser de fouetter.

❒ Quand le mélange est bien crémeux, ajoutez le jus et le zeste d'orange, et remuez bien.

❒ Dans un autre bol, battez les 3 blancs d'œufs en neige ferme avec la pincée de sel. Incorporez-les délicatement à la ricotta. Étalez une fine couche de marmelade d'orange sur le fond de pâte, puis versez la ricotta. Faites cuire 35 minutes.

❒ Servez la tarte tiède ou froide, saupoudrée de sucre glace.

# QUICHE COMME UN FLAN

**POUR 6 PERSONNES • PRÉPARATION : 20 MIN • CUISSON : 50 MIN**

1 pâte feuilletée (du commerce ou voir recette page 6) + 150 g de sucre en poudre
100 g de Maïzena® + 1 litre de lait entier + 3 œufs + 1 gousse de vanille
3 cuil. à café de vanille liquide + Beurre pour le moule

❒ Préchauffez le four à 200 °C (th. 6-7). Beurrez un moule à tarte. Foncez la pâte dans le moule et piquez-la avec une fourchette.

❒ Battez dans un saladier les œufs et la Maïzena® énergiquement, puis ajoutez 25 cl de lait froid.

❒ Faites bouillir dans une casserole le lait restant avec la gousse de vanille coupée en deux et grattée. Ajoutez le sucre en poudre et la vanille liquide.

❒ Versez ensuite le lait bouillant sur le mélange œufs-Maïzena® et remettez sur le feu pendant 6 à 7 minutes, en faisant chauffer tout doucement, sans cesser de remuer, jusqu'à ce que la préparation épaississe.

❒ Enfournez pour 40 minutes, puis dégustez la quiche froide.

# FLAN AUX FIGUES ET AU MIEL

**POUR 6 PERSONNES • PRÉPARATION : 20 MIN • CUISSON : 45 À 50 MIN**

500 g de figues violettes + 3 œufs + 100 g de miel + 50 g de Maïzena®
40 cl de crème liquide + Beurre et sucre en poudre (pour le moule)

❒ Beurrez largement un plat à gratin de taille adaptée au cuit-vapeur et saupoudrez-le de sucre. Essuyez les figues avec du papier absorbant humide, coupez-les en quatre et rangez-les dans le plat.

❒ Cassez les œufs dans un grand bol et battez-les vivement avec le miel. Sans cesser de fouetter, incorporez la Maïzena®, puis la crème. Quand la consistance de la pâte est homogène et onctueuse, versez-la sur les figues.

❒ Versez 1 litre d'eau dans la marmite du cuit-vapeur et amenez à ébullition. Placez le moule dans le panier perforé, puis couvrez-le de papier cuisson, ajustez le couvercle et faites cuire de 45 à 50 minutes, jusqu'à ce que le flan soit ferme. Servez chaud ou tiède.

# FLAN PÂTISSIER AU LAIT D'AVOINE ET AU THÉ VERT MATCHA

**POUR 6 PERSONNES • PRÉPARATION : 10 MIN • CUISSON : 45 MIN**
**RÉFRIGÉRATION : 3 H**

100 g de farine + 1 cuil. à soupe pour le moule + 75 g de sucre en poudre + 3 œufs
50 cl de lait d'avoine + 1 cuil. à café de thé vert matcha en poudre
10 g de beurre (pour le moule)

❒ Préchauffez le four à 180 °C (th. 6).

❒ Faites fondre le beurre au four à micro-ondes à faible puissance puis, à l'aide d'un pinceau, badigeonnez le fond et les bords d'un moule à manqué. Ajoutez la cuillerée à soupe de farine dans le moule, puis secouez pour bien répartir la farine sur toute la surface.

❒ Dans un saladier, versez la farine, la poudre de thé vert matcha et le sucre en poudre. Mélangez à l'aide d'une cuillère en bois.

❒ Creusez un puits au centre du saladier. Cassez les œufs dans un bol, battez-les légèrement avec une fourchette et versez-les dans le puits. Mélangez avec une cuillère en bois. Ajoutez le lait d'avoine et délayez avec la cuillère en bois, puis mélangez avec le fouet jusqu'à l'obtention d'une préparation bien lisse.

❒ Versez dans le moule. Enfournez pour 45 minutes. Sortez le flan du four et laissez refroidir à température ambiante. Laissez-le ensuite 3 heures au réfrigérateur avant de démouler.

***Dans la version du flan pâtissier classique, on utilise du lait entier à la place du lait d'avoine et de la vanille à la place du thé vert matcha.***

# FLAN PÂTISSIER

**POUR 6 PERSONNES • PRÉPARATION : 15 MIN • CUISSON : 40 MIN**

1 pâte sablée (du commerce ou voir recette page 4) + 50 cl de lait
25 cl de crème liquide + 1 cuil. à café d'extrait de vanille + 5 jaunes d'œufs + 120 g de sucre en poudre + 50 g de fécule de maïs + Beurre et farine pour le moule

- Versez dans un saladier le lait, la crème liquide et l'extrait de vanille et faites-les chauffer au four à micro-ondes.
- Fouettez dans une grande casserole les jaunes d'œufs, le sucre et la fécule de maïs, jusqu'à obtenir une crème mousseuse. Versez en filet, par-dessus, le contenu du saladier, tout en fouettant.
- Mettez la casserole sur feu moyen et faites épaissir la crème 5 minutes environ, en remuant. Laissez tiédir.
- Préchauffez le four à 180 °C (th. 6). Tapissez un moule rond d'environ 20 cm de diamètre, beurré et fariné, avec la pâte sablée. Piquez le fond de tarte, puis versez la crème du saladier sur la pâte. Enfournez pour 40 minutes.
- Laissez refroidir avant de déguster.

# FLAN AUX ABRICOTS SECS

**POUR 6 PERSONNES • PRÉPARATION : 15 MIN • CUISSON : 40 MIN**

**REPOS : 1 H**

1 litre de lait + 2 œufs + 1 jaune + 250 g d'abricots secs + 150 g de sucre en poudre
100 g de fécule de maïs + 1 gousse de vanille + Rhum + Beurre pour le moule

❒ Mettez les abricots secs dans un bol d'eau additionnée de rhum et laissez-les gonfler 1 heure à peine.

❒ Préchauffez le four à 180 °C (th. 6). Délayez la fécule de maïs dans 25 cl de lait. Versez le lait restant dans une casserole, fendez la gousse de vanille, grattez les graines et ajoutez-les au lait ; portez l'ensemble à ébullition.

❒ Battez les œufs entiers et le jaune avec le sucre, versez dessus le lait bouillant, puis ajoutez la fécule de maïs. Fouettez puis faites chauffer à feu doux, en remuant sans cesse.

❒ Égouttez les abricots, coupez-les en morceaux. Beurrez un moule à tarte. Versez le mélange, enfoncez-y les morceaux d'abricot et enfournez. Laissez cuire 35 minutes.

# FLAN À LA POIRE ET À L'AMANDE

**POUR 8 PERSONNES • PRÉPARATION : 15 MIN • CUISSON : 35 À 40 MIN**

400 g de tofu soyeux, égoutté + 200 g de farine de riz complet
4 poires mûres, lavées + 100 g de poudre d'amandes + 60 g de sucre de fleur de coco ou de sucre complet + 10 g de poudre levante + 1 cuil. à soupe de vinaigre de cidre ou de jus de citron jaune + 1 cuil. à café de bicarbonate + Quelques gouttes d'extrait d'amande amère
Huile pour le moule

❒ Préchauffez votre four à 180 °C (th. 6). Pelez les poires et coupez-les en morceaux. Mixez-les au blender avec le tofu soyeux.

❒ Versez ce mélange dans un saladier et ajoutez le sucre, la poudre levante, le vinaigre de cidre ou le jus de citron, le bicarbonate alimentaire et l'extrait d'amande amère. Mélangez avant d'incorporer la farine et la poudre d'amandes.

❒ Versez la pâte dans un moule légèrement huilé. Enfournez 35 à 40 minutes. Laissez refroidir complètement avant de déguster. Il sera encore meilleur le lendemain.

***Remplacez 20 g de poudre d'amandes par du cacao en poudre ou de la noix de coco râpée. Décorez votre flan de copeaux de chocolat et/ou de noix de coco râpée.***

# INDEX

# RECETTES :

Lucie Dauchy : 4 / Nathalie Helal : 6 / Alice Greetham : 14 ; 102 ; 112 ; 188 / Bouchra Atita : 162 / Céline de Cérou : 46 ; 58 ; 95 ; 104 / Céline Mennetrier : 48 ; 50 ; 80 ; 94 ; 108 ; 176 / Delphine Malachard Des Reyssiers : 84 / Dorian Nieto : 40 ; 47 ; 114 ; 186 / Emilie Laraison ; 106 ; 174 ; 184 / Ingrid Bernard : 96 / Laura Annaert : 12 ; 62 ; 65 ; 137 ; 144 ; 148 ; 157 / Lucie Dauchy :22 ; 52 ; 92 ; 100 ; 126 ; 127 ; 129 ; 130 ; 132 ; 150 ; 152 ; 156 ; 158 ; 160 ; 164 / Marion Beilin : 76 / Martine Lizambard : 10 ; 13 ; 24 ; 26 ; 34 ; 44 ; 54 ; 56 ; 60 ; 64 ; 68 ; 70 ; 75 ; 78 ; 82 ; 86 ; 87 ; 88 ; 98 ; 116 ; 124 ; 128 ; 134 ; 140 ; 178 ; 182 /Nathalie Helal : 8 ; 30 ; 42 ; 146 ; 149 / Régine Teyssot : 23 ; 117 ; 187 / Sylvie Aït Ali : 118 / Sherazade Laouedj : 55 / Solveig Darrigo-Dartinet : 120 / Stéphanie Jouan : 74 / Véronique Liégeois : 66 ; 67 ; 72 ; 85 ; 109 ; 122 ; 172 ; 177 / Sylvie Girard : 25 ; 28 ; 90 ; 110 ; 136 ; 138 ; 142 ; 154 ; 154 ; 167 / Valéry Guedes : ; 20 ; 32 ; 33 ; 36 ; 45 ; 166 ; 168 ; 169 ; 170 ; 180 / Véronique Cauvin : 38 / Zoé Armbruster : 16 ; 18 ; 107.

# PHOTOGRAPHIES ET STYLISME :

Guillaume Czerw & Sophie Dupuis-Gaulier : 7 ; 128 / Amandine Honegger & Sylvie Rost : 51 ; 73 ; 81 ; 85 ; 108 ; 109 / Amélie Roche & Sandra Schumann : 163 / Anthony Lanneretonne & Carine Zurbach : 39 / Bernard Radvaner & Motoko Okuno : 9 ; 31 ; 43 ; 61 ; 147 ; 149 / Céline de Cérou : 46 ; 59 ; 84 ; 89 ; 95 ; 105 ; 183 / Charlotte Lascève & Bérengère Abraham : 77 / Claire Curt & Pauline Ricard-André : 12 ; 63 ; 65 ; 137 ; 145 ; 148 ; 157 / Dorian Nieto :41 ; 47 ; 115 ; 186 / Eric Fénot & Delphine Brunet : 11 ; 13 ; 24 ; 27 ; 44 ; 79 ; 99 ; 116 ; 121 ; 125 ; 135 ; 141 ; 179 / Guillaume Czerw & Sophie Dupuis-Gaulier :23 ; 35 ; 117 ; 187 / Ingrid Bernard : 97 / Emilie Laraison : 175 ; 185 / Julie Bienvenot : 189 ; 15 ; 103 ; 112 / Pierre Chivoret & Alexia Janny : 55 ; 25 ; 29 ; 91 ; 111 ; 139 ; 143 ; 155 ; 155 ; 167 / Natacha Nikouline & Sophie Dwernicki : 57 / Pierre Chivoret & Victorine Ducoulombier : 64 ; 83 ; 86 ; 87 / Pierre-Louis Viel & Catherine Nicolas :151 / Amandine Honegger & Sylvie Rost : 119 / Stéphanie Jouan : 74 / Valéry Guedes : ; 21 ; 32 ; 33 ; 37 ; 45 ; 49 ; 67 ; 94 ; 123 ; 136 ; 166 ; 168 ; 169 ; 171 ; 176 ; 177 ; 181 / Valéry Guedes & Lucie Dauchy : ; 22 ; 53 ; 93 ; 101 ; 126 ; 127 ; 129 ; 131 ; 133 ; 153 ; 156 ; 159 ; 161 ; 165 / Valéry Guedes & Natacha Arnoult : 54 ; 69 ; 71 ; 75 / Zoé Armbruster : 17 ;19 ; 107.

Directeur éditorial : **Didier Férat**

Édition : **Marjorie Goussu**

Graphisme : **Julia Philipps**

Mise en page et photogravure : **Nord Compo**

Fabrication : **Laurence Duboscq**


92, avenue de France, 75013 Paris



ISBN : 978-2-263-17540-4
Code éditeur : L17540
Dépôt légal : juin 2021
Imprimé en Espagne par Macrolibros.

FSC
www.fsc.org
MIXTE
Papier issu de sources responsables
FSC® C003309